Monika Kehr

Freie Arbeit im Religionsunterricht

Materialien für die Praxis

Auer Verlag GmbH

Gedruckt auf umweltbewusst gefertigtem, chlorfrei gebleichtem
und alterungsbeständigem Papier.

1. Auflage. 1999
Nach der Neuregelung der deutschen Rechtschreibung

Illustration: Ursula Lassert
Gesamtherstellung: Ludwig Auer GmbH, Donauwörth
ISBN 3-403-0**2640**-X

Inhalt

1.
Vorwort

Freie Arbeit sollte seit mindestens zehn Jahren fester Bestandteil von Grundschularbeit sein. In den Fächern Sprache, Mathematik und Sachunterricht wird Freie Arbeit von den meisten KollegInnen auch praktiziert. Das Fach Religion wird in der Regel nicht miteinbezogen.
In diesem Buch sollen vorab kurz die Fragen geklärt werden, wie Freie Arbeit im Religionsunterricht aussehen kann und welche Probleme dabei auftreten können. Vorrangig sollen jedoch grundlegende Materialien und Literatur vorgestellt werden.

2.
Freie Arbeit im Religionsunterricht – Einige einführende Bemerkungen

Wie kann Freie Arbeit im Religionsunterricht aussehen?

Das Kind soll als ganze Person am Unterricht beteiligt sein, Kenntnisse und Einsichten im Unterricht sollen zu lebendigen Erfahrungen werden und in das Leben der Kinder einfließen können. Deshalb soll nicht nur die kognitive sondern auch die emotionale und handlungsbezogene Dimension des Lernens angesprochen werden. Gewonnene Einsichten und Erfahrungen sollen die Kinder ordnen, darstellen und überdenken sowie auch auf ihr Leben übertragen können. Hierzu soll der Unterricht Möglichkeiten zur Besinnung und Vertiefung bieten. Neben verbalen Unterrichtsformen sollen die Kinder auch malen und gestalten, spielen, singen, mit Klangelementen umgehen. Medien, die im Religionsunterricht einen hohen Stellenwert haben sollten, sollen den Kindern helfen nicht Anschauliches zu verstehen. Mit ihnen soll den Kindern zeitlich und räumlich Fernes nahe gebracht und der soziokulturelle Hintergrund der biblisch-christlichen Erfahrungswirklichkeit erhellt werden (vgl. LP Ev. Religionslehre NRW, S. 22 f.).
Schon Maria Montessori forderte analog zu ihrem pädagogischen Prinzip „Hilf mir es selbst zu tun“ „Hilf mir selbst zu glauben“. Wenn man diesen Grundsatz ernst nimmt, kann man nur zu der Schlussfolgerung kommen, dass diese Forderung nicht nur an einem bestimmten Tag und dann auch noch zu einer bestimmten Uhrzeit realisiert werden kann. Das ist nur möglich, wenn das Kind in einer vorbereiteten Umgebung Dinge vorfindet, die ihm diesen Weg ermöglichen. Im Idealfall ist dies ein kleiner Gruppenraum oder aber eine abgeteilte Ecke im Klassenraum, wo die Kinder entsprechende Materialien vorfinden. Dieser Raum wird mit den Kindern gemeinsam gestaltet: Aufhängen von Bildern, ein Tisch mit einer Tischdecke in der entsprechenden lithurgischen Farbe im Kirchenjahr, Kerzen, Blumen, Meditationsmaterial, Legematerial sowie entsprechende Literatur.
Maria Montessori hatte in ihren Kinderhäusern einen ähnlichen Raum eingerichtet, den sie Atrium nannte. „Hier wird das Kind mit den großen Wahrheiten christlichen Lebens bekannt, aber außerdem und darüber hinaus beginnt das Kind hier, diese Wahrheiten in Gebet und Meditation zu erleben. Das Atrium hat nichts

Gruppenraum für die Freie Arbeit im RU

mit einem wissenschaftlichen Unterrichtsraum gemeinsam; es ist kein Platz für Religionsunterricht, sondern für religiöses Leben. Das Atrium ist ein Arbeitsraum, wo die Arbeit zum Gespräch mit Gott wird. Es ist in gewisser Weise schon ein Ort der Anbetung, wo das Kind nach seinem Rhythmus anbeten kann, was in der Kirche nicht möglich ist" (Cavalletti: Das religiöse Potential des Kindes, S. 45).

Material für die Freie Arbeit im Religionsunterricht

In einem solchen Raum müssen neben der individuellen Einrichtung vor allem auch geeignete Materialien vorhanden sein. Inzwischen gibt es einige Materialien für die Freie Arbeit im Religionsunterricht, die man käuflich erwerben kann. Die Zeitschrift „ru. Ökumenische Zeitschrift für den Religionsunterricht, 28. Jg., 1/98" enhält eine sehr ausführliche Übersicht über käufliche Materialien für den Religionsunterricht. Leider sind die Materialien, die von Verlagen herausgegeben werden, oft sehr teuer. Recht preiswert sind hingegen die Materialien, die von kirchlichen Institutionen angeboten werden. In diesem Buch werden auch käufliche, aber in erster Linie selbst hergestellte Materialien vorgestellt, die bei der Herstellung individuell abgewandelt werden können.
Es stellt sich die Frage, welchen Anspruch Materialien für die Freie Arbeit im Religionsunterricht erfüllen müssen. Ich möchte die ausgewählten Materialien in drei Gruppen unterteilen:
Zunächst wären da wirkliche Freiarbeitsmaterialien, d. h. Materialien mit denen die Kinder sich im handelnden Umgang Wissen selbständig erarbeiten können. Ich stehe aber auf dem Standpunkt, dass man auch, genau wie in den anderen Schulfächern, Materialien anbieten sollte, mit denen die Kinder bereits Gelerntes vertiefen bzw. üben können, denn auch im Religionsunterricht wird Wissen erworben, das in motivierender Form gefestigt werden kann. Diese Materialien werden vor allem in dem Kapitel „Übungsmaterial für die Freie Arbeit im Religionsunterricht" erläutert.
Hinzu kommen dann noch die Materialien zum Nachdenken und Meditieren, die vor allem im Religionsunterricht eine wichtige Funktion innehaben.

Eigenschaften, die das Material erfüllen sollte

1. Es sollte nur einen bestimmten Lerngegenstand beinhalten.
2. Es sollte möglichst eine Selbstkontrolle haben.
3. Es sollte ästhetisch gestaltet sein und für die Kinder einen hohen Aufforderungscharakter haben.
4. Die Kinder sollen aktiv damit umgehen können.
5. Es sollte nur begrenzt vorhanden sein.

Allgemeine Tipps zur Materialherstellung

Bei Materialien, die mit großem Arbeitsaufwand hergestellt wurden, empfiehlt es sich, diese mit Folie zu überziehen oder zu laminieren. Das Laminieren hat gegenüber dem herkömmlichen Überziehen sehr viele Vorteile: Dünner Karton, ja sogar Papier, wird stabil, die Farbe verläuft mit der Zeit nicht, kleine Kärtchen können in einer großen Laminiertasche gemeinsam eingeschweißt und anschließend auseinander geschnitten werden, somit entfällt das lästige „Um-die-Ecken-Kleben". Materialien, die z. B. schnell aus einer Kopiervorlage erstellt und nicht noch aufwendig koloriert wurden, müssen nicht unbedingt mit Folie beklebt oder laminiert werden, da sie sich nach Abnutzung schnell wieder neu herstellen lassen. Materialien, die aus vielen kleinen Einzelteilen bestehen und die in mehreren Variationen vorkommen, sollten auf der Rückseite gekennzeichnet werden, damit sie, falls sie einmal durcheinander geraten, schnell wieder zu sortieren sind.
Im Handel gibt es eine Vielfalt von Halbfertigprodukten aus Holz oder aber auch unterschiedliches Kartenmaterial, was die Materialerstellung erleichtert. Bei den Halbfertigprodukten ist die Fa. Torsten Schmidt besonders gut sortiert, auf die ich im Materialteil auch häufig verweise. Besonders guten Karton, der im Laufe der Zeit nicht wie herkömmliches Tonpapier die Farbe verliert, erhalten Sie bei der Fa. HPP. Die Adressen sind bei den Bezugsquellen in Kapitel 5 aufgeführt.

Probleme bei der Umsetzung von Freiarbeit im Religionsunterricht

Häufig wird der Religionsunterricht als Fachunterricht erteilt, der Klassenlehrer unterrichtet ihn nicht generell. Außerdem wird in der Regel nach Konfessionen getrennt unterrichtet. Dies bringt natürlich organisatorische Probleme mit sich. Der Fachlehrer muss das Material mit in die Stunde bringen, sofern kein spezieller Raum zur Verfügung steht. Freiarbeit wäre hier nur eingeschränkt möglich. Es könnten z. B. in Gruppenarbeit mit Hilfe von Karteien o. a. bestimmte Themen erarbeitet werden. Auch ein Stationslernen mit Materialien zur Vertiefung von bereits erarbeitetem Stoff ist möglich. Ideal ist natürlich, wenn der Klassenlehrer gleichzeitig auch Religionslehrer ist oder Klassenlehrer und Fachlehrer so gut kooperieren, dass den Kindern das Material für die Freie Arbeit im Religionsunterricht jederzeit zugänglich ist.

3.
Materialteil

Übersicht über den Materialteil:

Material zur Bibel

„Die Bibel ist Grundlage und Urkunde des christlichen Glaubens. In ihr sind Erfahrungen der Menschen gesammelt und in der Beziehung zu Gott gedeutet.
Viele Jungen und Mädchen begegnen der Bibel im Religionsunterricht zum ersten Mal. Sie sollen neugierig gemacht werden auf die Geschichten, die in ihr erzählt werden.
Die teilweise Fremdheit der Lebenswelt weist auf das hohe Alter der Texte und deren lange Entstehungszeit hin. Es können verschiedene Bücher der Bibel unterschieden werden, unterschiedliche literarische Gattungen lassen sich ansatzweise erkennen.“ Kinder sollen die notwendigen Kenntnisse über die Inhalte und Entstehung in der Bibel sowie die Technik ihrer Überlieferung vermittelt bekommen. „Darüber hinaus geht es aber darum die Bedeutung der biblischen Texte für den Menschen hervorzuheben. Ihre Geschichten und Texte haben verkündigenden Charakter.“ (Rahmenplan Grundschule des Hessischen Kultusministeriums, S. 50) Diese Forderungen sind in einzelnen Religionsstunden nicht zu erfüllen. Die Kinder müssen Gelegenheit haben sich individuell damit auseinanderzusetzen. Dabei sollen die folgenden Materialien hilfreich sein.

Zeitkette

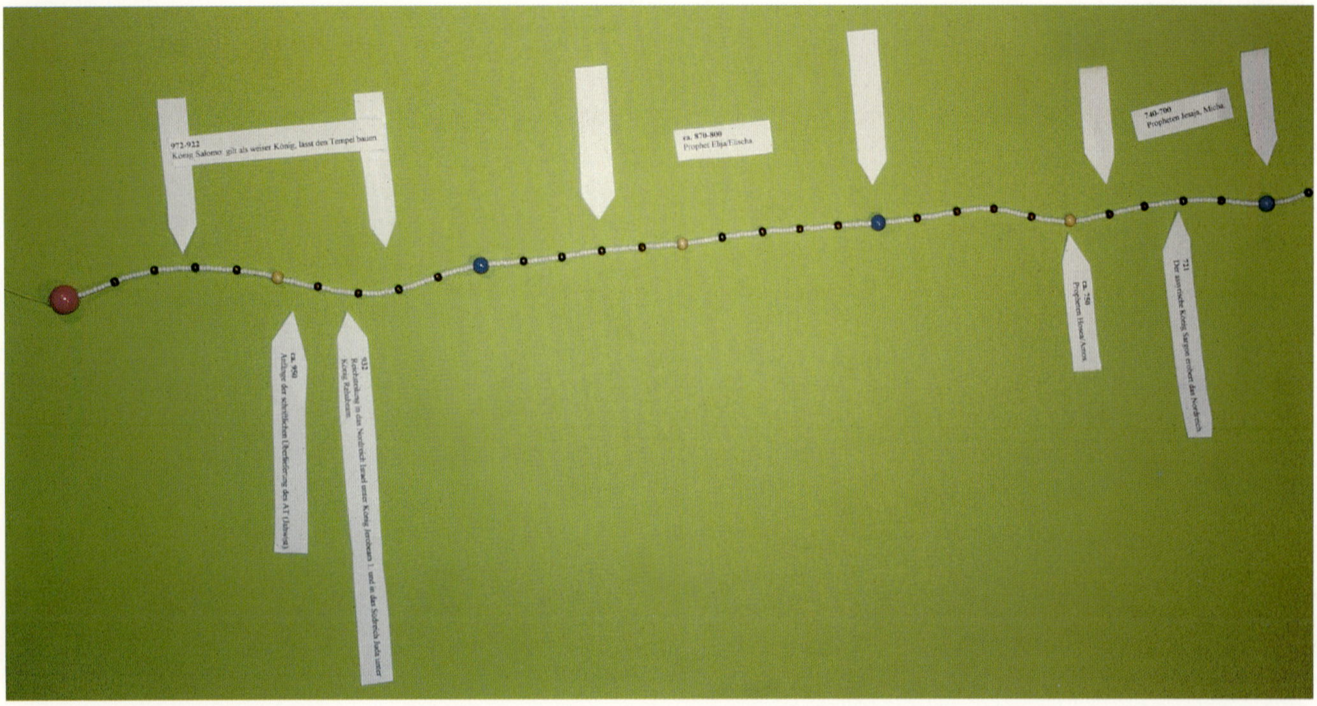

Beschreibung des Materials:

Die Kette besteht aus fünf verschiedenen Perlengrößen und ist wie folgt aufgebaut:

- für jedes einzelne Jahr eine winzig kleine weiße Perle,
- für jedes zehnte Jahr, eine etwas größere braune Perle,
- für jedes fünfzigste Jahr eine wiederum etwas größere naturfarbene Perle,
- für jedes hundertste Jahr eine nochmals etwas größere blaue Perle,
- für jedes tausendste Jahr eine wesentlich größere rosa Perle,
- für das Jahr 0, den Beginn unserer Zeitrechnung kann eine noch größere Perle eingefügt werden.

Zu der Kette gibt es verschiedene Ereigniskarten, die entweder einen bestimmten Zeitpunkt oder eine Zeitspanne beschreiben. Für die Zeitpunkte werden dunkelblaue Pfeile, für die Zeitspannen hellblaue Pfeile angelegt. Unter bzw. zwischen diese Pfeile kommt dann die entsprechende Ereigniskarte.

Methodisch-didaktische Hinweise:

Die Kette soll den Kindern die zeitlichen Abläufe der historischen Ereignisse und die Entstehung der wichtigsten Schriften der Bibel sowie wichtige Ereignisse der Kirchengeschichte veranschaulichen. Es kann eine klassenspezifische Vorauswahl der Ereigniskarten getroffen werden. Die Ereigniskarten können individuell ergänzt werden, z. B. mit Themen die in der Klasse besprochen wurden, aber bei der hier getroffenen Auswahl nicht vorkommen.

Herstellung:

Die Perlen werden wie folgt aufgezogen:
Begonnen wird mit einer rosa Perle für das Jahr 2000 v. Chr., dann folgen neun weiße, dann eine braune; dies wiederholt sich noch dreimal, danach ist die zehnte Perle dann eine naturfarbene für das Jahr 1950 v. Chr. In dieser Reihenfolge wird fortgefahren bis zum Jahr 1900 v. Chr. Dieses wird durch eine blaue Perle angezeigt. So wird nun wiederum weiter verfahren bis zum Jahr 1000 v. Chr., das durch eine rosa Perle angezeigt wird usw.
Die Ereigniskarten befinden sich bei den Kopiervorlagen und können direkt auf Karton kopiert werden. Um die Zeit vor und nach Christi besonders hervorzuheben, kann für die entsprechenden Ereigniskarten verschiedenfarbiger Karton benutzt werden.
Die Pfeile müssen ebenfalls aus Karton zugeschnitten werden.

Beschaffung:

Perlen und Tonpapier im Bastelbedarf
Karten als Kopiervorlage (S. 32 ff.)

Tipp: „Wie das Neue Testament entstand". Ein Material für die Freie Arbeit für Kinder vom 3. bis zum 6. Schuljahr mit Karten zu den vier Themenkreisen: Leben Jesu, Geschichte der ersten Gemeinden, Entstehung des Neuen Testaments, Römische Geschichte. Ein Begleitblatt enthält Vorschläge zum Einsatz und zur Verwendung einer Hunderterkette aus Holzperlen. Erhältlich bei der Buchhandlung Elke Dieck.

Domino zum Alten Testament

Aarons, Moses Bruder, Stab wird zur Schlange. Dieses Wunder soll dem Pharao Gottes Macht beweisen.

Beschreibung des Materials:

Das Material besteht aus fünfundvierzig Dominokarten. Auf der Anfangskarte befindet sich auf der rechten Kartenseite der erste Text „Gott erschafft Himmel und Erde". Das dazugehörende Bild ist auf der linken Seite der zweiten Karte, auf der rechten Seite dieser Karte ist der zweite Text „Eva pflückt den verbotenen Apfel. Adam und Eva essen den Apfel" usw.

Methodisch-didaktische Hinweise:

Der theologische Eigenwert des Alten Testaments soll zum Ausdruck gebracht werden. In den grundlegenden biblischen Überlieferungen erzählen Israeliten von ihrem Leben und ihren Glaubenserfahrungen. Dieses ist Gegenstand des Religionsunterrichts. In den Klassen 1 und 2 stehen erzählte Einzelbilder im Vordergrund, in den Klassen 3 und 4 sollen jedoch größere Zusammenhänge aufgezeigt werden. Hierzu eignet sich dieses Domino sowie auch das folgende Memory. So werden die Kinder in die Geschichte des biblischen Glaubens hinein genommen und haben die Möglichkeit sich in das Denken und Handeln der Menschen der Bibel hineinzuversetzen, es nachzuempfinden und zu verstehen (vgl. LP NRW, S. 25).

Herstellung:

Das Domino kann entweder auf Karton kopiert oder auf Papier kopiert und auf Holz geklebt werden. Die Bilder werden koloriert, die Karten so wie Puzzleteile zerschnitten, dass nur das jeweils richtige Bild angelegt werden kann, wodurch eine Selbstkontrolle gegeben ist.

Beschaffung:

Kopiervorlage (S. 37 ff.)

Karton (Bastelbedarf) oder Sperrholz (Baumarkt)

Kinderbibel-Memory

Beschreibung des Materials:

Dieses Material besteht aus 20 Bildpaaren zu biblischen Geschichten. Unter jedem Bild ist ein kurzer Text. Die Motive dieses Memorys sind aus „Die neue Kinderbibel. Mit Kindern von Gott reden“ von Wilfried Ploch. Die kurzen Texte beziehen sich auf die Geschichten dieser Kinderbibel.

Methodisch-didaktische Erläuterung:

Die Spielform des Memorys ist den Kindern bereits aus der Kindergartenzeit bekannt und wird von ihnen in der Regel erstaunlich gut beherrscht. Das Kinderbibel-Memory kann schon von Kindern gespielt werden, die noch nicht lesen können, indem sie es in der bekannten Weise spielen ohne bereits alle Inhalte der Szenen zu kennen. Später erkennen sie bereits gehörte Geschichten wieder oder aber ihr Interesse daran wird geweckt. Wenn speziell die Kinderbibel von Wilfried Ploch in der Klasse vorhanden ist, werden die Kinder sich freuen die Bilder darin wieder zu entdecken.

Herstellung:

Die Karten und darunter der entsprechende Text (entsprechend kopiert oder selbst geschrieben) werden auf Sperrholzplatten geklebt und evtl. mit Folie überzogen.

Beschaffung:
Kinderbibel-Memory: Reise und Versandbuchhandlung des Rauhen Hauses
Sperrholzplatten: Torsten Schmidt

Tipp: Bei der Buchhandlung Elke Dieck gibt es zwei Freiarbeitsmaterialien zum Alten Testament: „Mit der Karawane unterwegs“, von Beate Bruns, ein Brettspiel zum Alten Testament und ebenfalls von Beate Bruns die Religions-Kartei 1, eine Kartei speziell zum Alten Testament.
Möckemühler Arbeitsbögen zum Alten Testament:
- Abraham – Isaak – Jakob
- Mose
- Amos
- Saul – David – Salomo

Die Josefs-Geschichte

Die Josefs-Geschichte ist eines der beliebtesten Beispiele biblischer Geschichten. Ihr Inhalt entspricht der kindlichen Erlebniswelt: das Leben in der Familie, die Rivalität unter den Geschwistern. Josefs Erlebnisse in einem fremden Land bieten den Kindern Identifikations- und Imaginationsmöglichkeiten. Kinder lassen sich gerne auf diese Geschichte ein. Das Bergab und Bergauf im Leben des Menschen wird deutlich, aber vor allem die ständige Anwesenheit und die Hilfsbereitschaft Gottes. Zur Auseinandersetzung mit der Geschichte und besonders zur Vertiefung der Erfahrung „Gott ist immer bei Josef" bietet sich ein Nachspielen an.

1. Das Spiel mit Stabpuppen:

Beschreibung des Materials:

12 Stabpuppen-Figuren der Josefsgeschichte

Methodisch-didaktische Hinweise:

Mit diesen Puppen können die Kinder in kleinen Gruppen entlang einer Tafel oder Stellwand (mit dem passenden Bühnenbild versehen) die Geschichte nachspielen. Dies kann als Stehgreifspiel geschehen oder aber auch „profimäßig" mit einem selbstgeschriebenen Drehbuch.

Herstellung:

Vorlagen der Figuren finden Sie als Kopiervorlage.

Tipp: Weitere Hinweise zum Umgang mit dem Stabtheater. In: Sievers, E.: Neue Gestaltungsformen im Religionsunterricht, Gesang-Pantomime-Erzählungen. In: Grundschule, 12/88, S. 36.

2. Der Möckmühler-Arbeitsbogen zu den Josefs-Geschichten:

Beschreibung des Materials:

Das Material besteht aus einem Spielplan mit 18 Stationen, 18 Figuren und 18 Ereigniskarten.

Methodisch-didaktische Hinweise:

Die Kinder ziehen eine Ereigniskarte, suchen sich die entsprechende Figur und ordnen sie auf dem Spielplan an. Sie können sich gegenseitig erzählen, was genau an den einzelnen Stationen geschieht.
Zum Abschluss kann in Gruppenarbeit ein eigenes Josefsbuch hergestellt werden. Dazu fertigen die Kinder eigene Zeichnungen zu einem Ereignis an und schreiben einen kleinen Text dazu. Die einzelnen Beiträge werden zu einem Buch zusammengefasst (KV S. 45).

Herstellung:

Der Bogen kann farbig gestaltet und laminiert werden, ebenso die Figuren. Hier gibt es 18 Stationen aus dem Leben Josefs. Zu jeder Station gibt es auf der Rückseite des Arbeitsbogens einen Satz. Diese Sätze werden auf einzelne Ereigniskarten geschrieben.

Beschaffung:
Aue-Verlag, Möckmühl
Kopiervorlage „Mein Josefs-Buch" (S. 43 ff.)

Tipp: „Josefs Geschichte" von Beate Bruns aus der Buchhandlung Elke Dieck, ein Arbeitsheft, das mehrere differenzierte Arbeitsmöglichkeiten anbietet.

Literatur für Kinder:
Bollinger, M.: Joseph, Ravensburger Taschenbücher, 1967
Aus der Reihe „Was uns die Bibel erzählt" „Josef", Deutsche Bibelgesellschaft, Stuttgart, 1988

Spiel:
Jakob und seine Söhne, Verlag Ev. Presseverband für Bayern, München und Luther. Verlagshaus, Hannover

Bildkarten: Leben zur Zeit Jesu

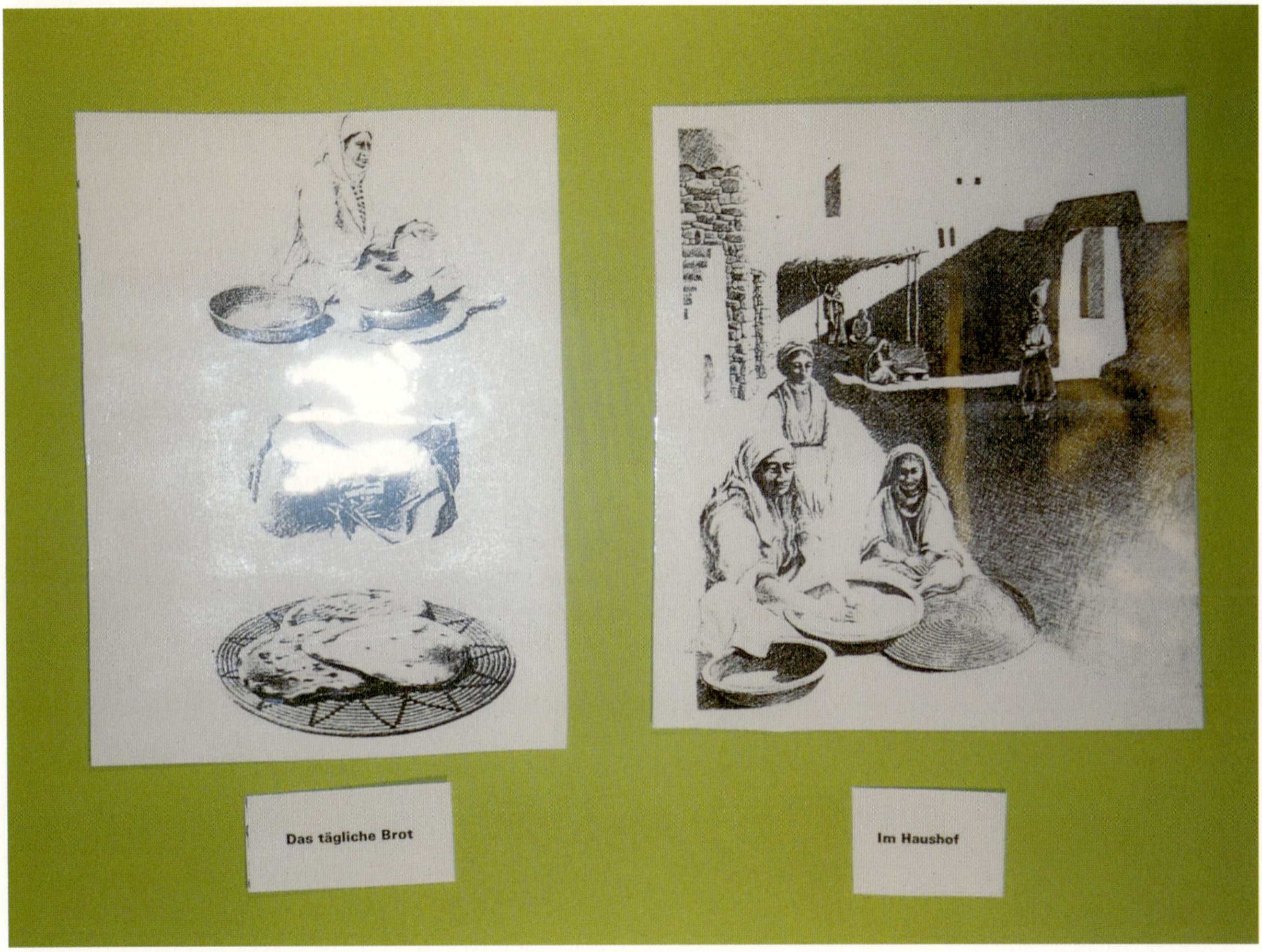

Beschreibung des Materials:

Die Bilder sind dem Religionsbuch für das 1. Schuljahr von Hubertus Halbfas entnommen. Der Autor hat bei der Auswahl dieser Bilder große Sorgfalt walten lassen und jedem einzelnen Detail liegen gründliche Studien und Erkundungen zugrunde (vgl. Halbfas, S. 335).

Methodisch-didaktische Hinweise:

Informationen über das Volksleben in biblischen Zeiten sind unbedingt notwendig für die Arbeit mit Bibeltexten, weil sie hierfür ein anschauliches Rahmenverständnis liefern. Deshalb sollte mit der Vermittlung solcher Informationen auch unbedingt schon im ersten Schuljahr begonnen werden. Als Einführung eignen sich besonders gut die beschriebenen Bilder aus dem „Religionsbuch für das 1. Schuljahr" von Hubertus Halbfas. Das Lehrerhandbuch gibt wertvolle Hinweise zur Arbeit mit diesen Bildern.

Herstellung:

Die Bilder wurden aus dem Religionsbuch herausgelöst und laminiert.

Beschaffung:
Buchhandel bzw. Patmos-Verlag

Tipp: Als Vorlesebuch zu dieser Thematik eignet sich das Taschenbuch „Benjamin & Julius, Geschichten einer Freundschaft zur Zeit Jesu" von Horst Klaus Berg und Ulrike Weber. Es wurde eigentlich für die im folgenden beschriebene Freiarbeitskartei geschrieben und eröffnet einen narrativen Zugang zu sämtlichen Themen der Kartei. Dabei lädt es zum neuen Erleben vieler Jesusgeschichten ein oder macht neugierig auf sie.

Freiarbeitskartei: So lebten die Menschen zur Zeit Jesu

Methodisch-didaktische Hinweise:

Fundierte Hinweise enthält das zu dieser Kartei gehörende Begleitheft. In vollem Umfang kann diese Kartei jedoch frühestens im 4. Schuljahr eingesetzt werden. Dies kann z. B. in einem Projekt zu dem Thema geschehen, das über mehrere ganze Tage durchgeführt wird. Die Kinder können sich dann in kleinen Gruppen mit einzelnen Teilbereichen auseinandersetzen und diese am Ende des Projektes gegenseitig vorstellen. Eine solche Vorgehensweise ist legitim, da bei diesem Projekt fächerverbindend gearbeitet wird. Religionsunterricht ist auch Sprachunterricht, so werden bei diesem Projekt alle Bereiche eines integrativen Sprachunterrichts angesprochen. Gleichzeitig gibt es viele Verbindungen zum Sachunterricht sowie zum Musik- und Kunstunterricht.
In den unteren Jahrgangsstufen muss der Lehrer eine Auswahl treffen, welche Teile der Kartei für seine Klasse schon genutzt werden können. Einen ausführlichen Artikel hierzu mit dem Titel „Kannst Du Dir vorstellen, wie Jesus gelebt hat?“, Freie Arbeit mit Informationsmaterialien ab 1./2. Schuljahr von Ulrike Weber ist in der Zeitschrift für die Praxis des Religionsunterrichtes 2/91 zu finden.
Das Bildmaterial kann auch separat gekauft werden.

Beschreibung des Materials:

Die beiden bereits erwähnten Autoren Berg und Weber haben eine hervorragende Freiarbeitskartei zu dieser Thematik veröffentlicht. Die Kartei besteht aus 300 Arbeitskarten mit Sachinformationen, über 100 Zeichnungen, mehr als 80 farbigen Bildern und Kopiervorlagen.

Herstellung:

Wird im Begleitheft ausgiebig beschrieben.

Beschaffung:
Buchhandel/Calwer-Verlag

Das Palästina-Dorf

Beschreibung des Materials:

Eine Möglichkeit für die aktive Auseinandersetzung mit dem Thema „Leben zur Zeit Jesu“ bietet die Arbeit mit dem Palästina-Dorf.
Der gesamte Bausatz enthält 19 Häuser, 4 Anbauten in Winkelform, einen ebensolchen Anbau zum Fischerhaus, das Fischerhaus mit Trockengestell für die Netze, ein ‚krummes' Haus, ein Haus mit drei Gebäudeteilen (reiches Haus), einen Brunnen, ein Stadttor mit ‚Nadelöhr', ein Fischerboot, längere und kürzere Mauern, große und kleine Torbögen, hohe und niedrige Treppen, Leitern, einen Tisch, sowie viele schmale Brüstungsmauern.

Methodisch-didaktische Hinweise:

„Der Maßstab ist so gewählt, dass die Kinder von zu Hause ihre Lego-Männchen mitbringen können, die die handelnden Personen verkörpern. Zunächst entscheiden die Kinder, welche der Personen sie spielen möchten. Kleine Flecken Teppich-Doppelklebeband werden auf Brust und Rücken der Lego-Männchen geklebt, so dass ein aus Stoff, Krepppapier, Filz, Leder o. Ä. gefertigter Umhang ganz leicht befestigt werden kann. Hier kann man aber auch Figuren aus Holz-Fingerpuppen herstellen. Dann wird das Dorf aufgebaut. Wir beginnen mit dem Brunnen, der einfach aufgestellt wird. (Hier spielen sich später die Brunnengeschichten ab – etwa Jesu Begegnung mit der Samariterin, Joh 4.) Aus ihm schöpfte man das Wasser, das für die Anfertigung der Lehmziegel gebraucht wurde. Um den Brunnen herum werden nun die Häuser gebaut, d. h. sie werden einfach aufgestellt. Das erste Haus ist das des Reichen (damit sein Weg zum Brunnen schön kurz ist). Es ist das Haus mit den drei Gebäudeteilen. In ihm wohnen der Zöllner Zachäus (Lk 19, 1–9) oder der reiche Jüngling (Mk 10, 17–22); wenn ein kleines Häuschen oben drauf gesetzt wurde, ist dies das Gästezimmer.
Lehrerin/Lehrer gibt als knappe Anweisung an die Kinder weiter: Baut die Häuser schön dicht nebeneinander, damit die Gassen und Höfe viel Schatten haben. Hinter jedem Haus gibt es einen Hof, der mit einer Mauer abgegrenzt wird. Verwendet die Torbögen für den Eingang zu eurem Grundstück. Jedes Haus erhält auch eine Treppe oder eine Leiter, damit ihr auf das Dach eures Hauses kommen könnt. Das ganze Dorf soll mit einer Mauer umgeben werden. Baut auch das Stadttor ein. Davor steht der Tisch des Zolleinnehmers. Das ‚krumme Haus' stellen wir außerhalb der Stadtmauer auf – dort wohnen Ausgestoßene, Verachtete. Das Fischerhaus gehört natürlich an den Rand, wo der See beginnt.“ (Aus: Schule und Kirche. Informationsdienst zu Bildungs- und Erziehungsfragen der Evangelischen Kirche im Rheinland, 1993, Heft 3. In diesem Artikel gibt es noch weitere Details zur Gestaltung des Dorfes.)

Beschaffung:
Religionspädagogische Werkstatt im Schulreferat des Kirchenkreises Moers

Tipp: Wenn das Palästina-Dorf nicht vorhanden ist, lassen sich die Häuser auch nach dem Möckmühler Arbeitsbogen Nr. 17 „Palästinahaus“ oder dem Bastelbogen im Anhang des Taschenbuchs „Benjamin und Julius“ von Horst Klaus Berg herstellen. Der Möckmühler Arbeitsbogen ist bereits aus Karton und muss in der gewünschten Stückzahl angeschafft werden. Der Bastelbogen aus dem Taschenbuch kann auf Karton kopiert werden. Diese Modelle sind jedoch leider nur begrenzt haltbar. Ebenfalls bei den Möckmühler Arbeitsbögen (Nr. 4) sowie in dem Taschenbuch gibt es ein Modell des Tempels zur Zeit von Jesus.
Bei den Möckmühler Arbeitsbögen gibt es außerdem noch einen Bogen zur Thematik - Arbeit und Leben zur Zeit von Jesus (Nr. 47).
Bei der Buchhandlung Elke Dieck erhält man ergänzend zu dieser Thematik die Kartei „Vom Korn zum Brot“.

Lasset uns mit Jesus gehen

Beschreibung des Materials:

Die Basis für dieses Material bildet der Möckmühler Arbeitsbogen Nr. 1 „Lasset uns mit Jesus gehen!“ Auf einer Palästina-Kartei sind fünfundzwanzig Stationen aus dem Leben Jesu gekennzeichnet. Hierzu gibt es entsprechende Szenen die zugeordnet werden können. Zusätzlich gibt es noch Textkarten, die um die Karte herum auf dem entsprechenden Feld angeordnet werden müssen.

Methodisch-didaktische Hinweise:

Die Kinder begegnen dem Wirken Jesu und seinen Auswirkungen. „Sie lernen die Umwelt Jesu und die Adressaten seiner Botschaft kennen, nehmen teil am Staunen, Fragen, Widersprechen und Mitgehen und sollen sich dadurch in die Ursprungssituation dieser Botschaft und des Glaubens hineinversetzen können. Auch werden ihnen die Anfänge der Gemeindebildung, ihr Entstehen und Wachsen, nahe gebracht. Das Bekenntnis zu Jesus Christus, Kreuz und Auferstehung können den Kindern in ihrer Bedeutung für die ersten Gemeinden verständlich werden. Das Bekenntnis der ersten Gemeinden lädt zum gelebten Glauben in der Nachfolge ein. Entstehen und Wachsen der Gemeinde in der christlichen Überlieferung sollen personalisiert und durch Erzählung und Spiel in Geschehen umgesetzt werden“ (LP NRW, S. 25).

Herstellung:

Die Palästina-Karte wird koloriert und auf einen großen Karton oder eine Holzplatte geklebt. Um die Karte werden fünfundzwanzig nummerierte Felder für die Textkarten angelegt. Die Szenen werden ebenfalls farbig gestaltet und zum Aufstellen verstärkt (Pfennigstück oder starke Pappe). Die Textkarten werden auf Karton kopiert oder auch laminiert und zugeschnitten. Die entsprechenden Ziffern sollen zur Selbstkontrolle auf die Rückseite der Karten geschrieben werden.

Beschaffung:
Aue-Verlag, Möckmühl
Kopiervorlage (S. 46 ff.)

Tipp: „Hier hat Jesus gelebt“, ein Material aus der Buchhandlung Elke Dieck von Ursula Föller und Anni Schäfer.
Horst Klaus Berg und Ulrike Weber haben das Freiarbeitsmaterial „Mit Jesus beginnt etwas Neues“ herausgegeben (Calwer/Kösel). Mit diesem Material können die Kinder sich den Stoff selbstständig erarbeiten.
Bibel-Quartett Neues Testament. Christophorus Verlag, Freiburg (B.-Nr. 956).
Bibel-Wissen-Spiel Kreuz und quer durch das Neue Testament. Born-Verlag, Kassel (B.-Nr. 141818) (weitere Titel lieferbar).

Gleichnisse (Beispiel: Der gute Hirte)

Beschreibung des Materials:

Sofia Cavaletti beschreibt in ihrem Buch „Das religiöse Potential des Kindes“ u. a. auch Materialien zu den Gleichnissen wie sie in Montessori-Kinderhäusern angeboten werden. Sie weist ausdrücklich daraufhin, dass dieses Material nicht wie das Montessori-Material für den kognitiven Bereich aus abstrakten Symbolen, sondern aus konkreten „Zeichen“ einer transzendenten Wirklichkeit besteht. Es ist nichts anderes als eine Umformung dessen in eine greifbare, didaktisch aufbereitete Form, was uns die Bibel erzählt. Lediglich die Einzelheiten der Gleichnisse sollten vorhanden sein. „Gleichnisse sind die Konkretion einer den Verstand übersteigenden Wirklichkeit durch ein Bild; wir nun müssen dieses Bild in kleinen Holzfiguren konkretisieren. Wir stellen die materiellen Bestandteile dar (in diesem Falle den Guten Hirten, die Schafe, den Schafstall usw.) und dann, wenn wir das Gleichnis nochmals lesen, bewegen wir die Figuren entsprechend dem Text. So lernen die Kinder mit den Materialien umzugehen, die ihnen dann zur Verfügung stehen.“ Zunächst „werden die Kinder darauf zurückkommen, mit diesen Materialien zu arbeiten, konzentriert und froh, niemals übersättigt. Wenn sie lesen können, arbeiten sie meistens zu zweit: Ein Kind liest den Text vor, das andere bewegt die Figuren; die Figuren zur rechten Zeit zu handhaben, bringt das Kind dazu, dem Vorlesen mit äußerster Aufmerksamkeit zu folgen, so dass es die Perikope bald auswendig kennt“ (Cavalletti, S. 54 f.).

Methodisch-didaktische Hinweise:

„Gleichnisse haben ihren festen Platz in der unterrichtlichen Arbeit der Grundschule. Sie sind zum einen als in sich stehende Erzählungen zu verstehen, die es (abgesehen von ihrem Entstehungshintergrund) den Kindern auf ihrem Erfahrungshintergrund auszulegen gilt; zum anderen sind sie aber auch als Metaphern, als ‚große Bildworte‘ zu betrachten. Deshalb ist die geläufige, früher immer eingeforderte, Unterscheidung von Bild- und Sachaspekt aufzugeben. Eine solche Unterscheidung überfordert nämlich nicht nur die Kinder, sie zerstört auch den ganzheitlichen Charakter der Geschichten.“

Beschaffung:
Holzfiguren im Spielwarenhandel

Tipp: Bei den Möckmühler-Bilderbögen gibt es mehrere Exemplare zu verschiedenen Gleichnissen.

Material zu Kirche und Gemeinde

„Kirchen prägen das Bild eines Ortes. Die Kinder lernen die Kirche als Versammlungshaus der Christen kennen. Sie werden aufmerksam für das Besondere des Raumes und seiner Einrichtung. Sie erfahren, dass die Gemeinde dort Gottesdienst feiert. Eine mögliche Anknüpfung kann sein, dass manche Kinder dort getauft worden sind bzw. Taufen miterlebt haben. Eng verbunden mit diesem Thema ist die Frage nach den christlichen Konfessionen. Dabei sind die historisch kirchentrennenden Sachverhalte für Kinder dieser Altersstufe noch nicht begreifbar." Durch Unterrichtsgänge, Erkundungen bei Personen der Kirchengemeinde, Teilnahme und Mitgestaltung von Kindergottesdiensten, das Kennenlernen der Kirche und der Gemeinde, den Besuch und den Vergleich evangelischer und katholischer Gotteshäuser, wobei die Kinder auch die verschiedenen Verhaltensweisen kennen lernen, können Kinder konkret zu dieser Thematik hingeführt werden (vgl. Rahmenplan Grundschule des Hessischen Kultusministeriums, S. 49).

Mit den folgenden Materialien haben die Kinder dann die Möglichkeit diese ersten persönlichen Erfahrungen zu vertiefen.

Die Kirche als Modell

Beschreibung des Materials:

Das Material ist ebenso wie das bereits beschriebene Palästina-Dorf aus Holz angefertigt und besteht aus dem eigentlichen Gebäude sowie den darin vorkommenden Gegenständen. Sinnvoll ergänzt werden kann dieses Material mit kleinen Holzfiguren.

Methodisch-didaktische Hinweise:

„Der Begriff ‚Kirche' hat die schöne Doppelbedeutung eines zugleich sozialen wie materialen Raumes. Hier geht es vor allem um die zweite, um die materiale Bedeutung des Begriffs, also um die Kirchen als Gebäude, als Räume, in denen bestimmte Erfahrungen insbesondere für Kinder möglich sind. (...) Die Ehrung von Kirchenraum gehört nur noch für wenige Kinder zum Alltag. Für sehr viele Kinder stellt sie eine ungewöhnliche Erfahrungsmöglichkeit dar. Was kennzeichnet den Kirchenraum? Ich glaube, dass das wesentliche Merkmal, das auch von Kindern wahrgenommen wird, die Erfahrung des Anderen, der anderen Zeit, des anderen Raumes darstellt. (...) Kinder können hier gegenüber ihren alltäglichen Wahrnehmungen so etwas wie Grenzerfahrungen machen. Sie werden konfrontiert mit etwas, was ihnen fremd ist, vielleicht auch ein wenig unheimlich. Der Kirchenraum repräsentiert die Möglichkeit der Religion. Er ist ihr zentraler Ort" (aus: Liebau, Eckart: „Der fremde Raum" in: Degen, Roland/ Hansen, Inge [Hrsg.]: „Lernort Kirchenraum". Erfahrungen – Einsichten – Anregungen. Münster, 1998).

Beschaffung:
Schulreferat des Kirchenkreises Moers

Tipp: Seitz-Röckener, Beate: „Die Kirche Kindern erklärt." Agentur des Rauhen Hauses, Hamburg, 1996.
Sakramente-Quartett, Steyler-Verlag, Nettetal

Domino: Mitarbeiter in der Pfarrgemeinde

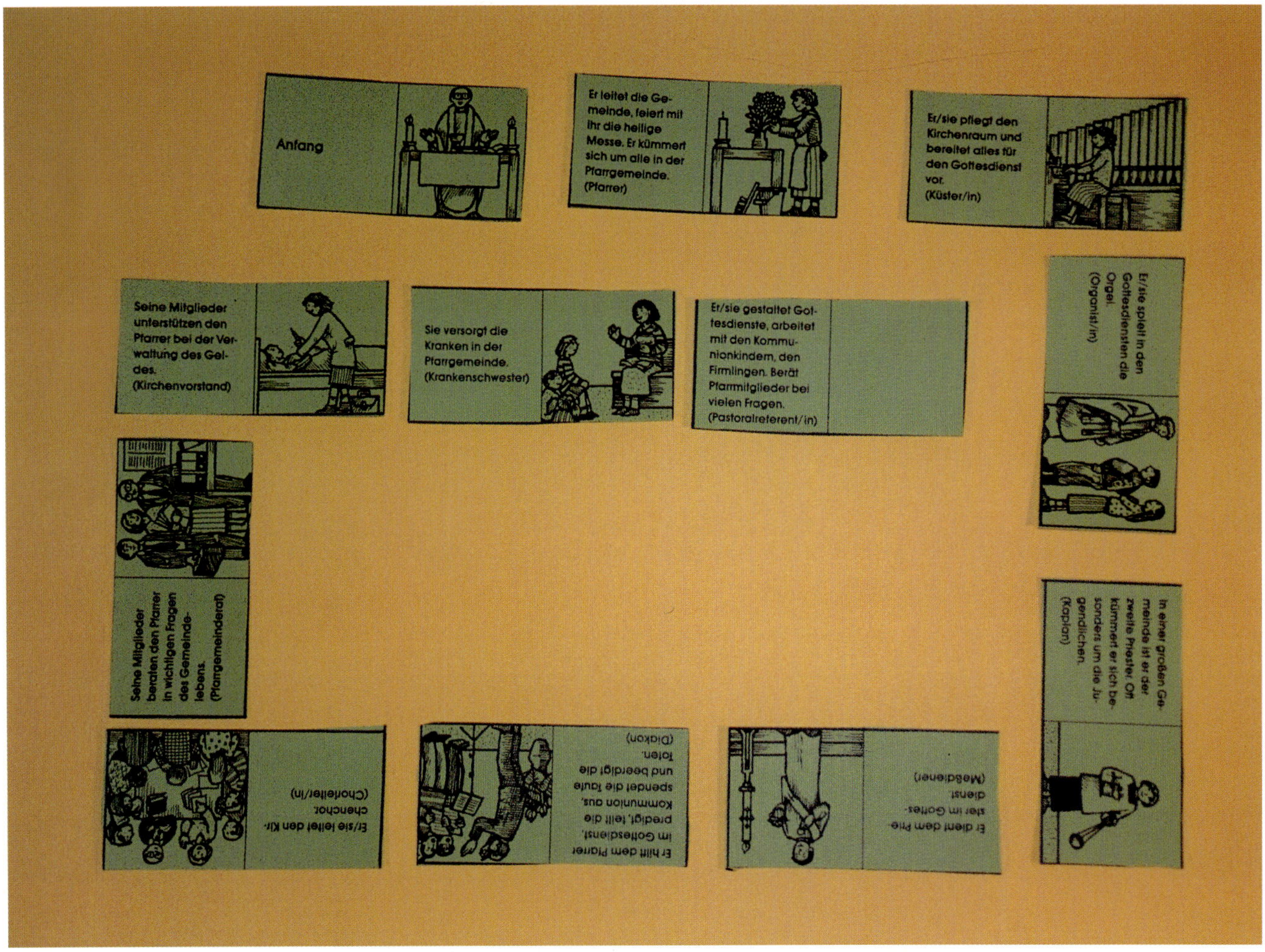

Beschreibung des Materials:

Das Material besteht aus zwölf Dominokarten und kann, da das letzte Feld freigehalten ist, individuell ergänzt werden.

Methodisch-didaktische Hinweise:

„Die Dienste und Ämter in der Kirche sind geordnet in Bistümern, Dekanaten und Pfarreien. Doch wäre der bloße hierarchische, organisatorische Apparat für sich allein gesehen nicht viel mehr als ein ‚Rahmen ohne Bild'. Wir alle sind zum Dienst in der Kirche bestellt, Kinder und Erwachsene, Alte und Junge, Gesunde und Kranke, durch unsere Teilnahme gehören wir alle zu den drei Säulen, auf denen die Kirche ruht, zu den drei Strömen, aus denen sie von Anfang an lebt: Verkündigung und Weitergabe des Glaubens – Feier des Gottesdienstes – Liebe zu Gott und den Menschen."

- Den Kindern soll bewusst werden, dass auch sie durch die Taufe zur Kirche gehören. Überlegen: Zu welchen Pfarrgemeinden gehören wir?
- In einem Gespräch Dienste und Pfarrgemeinde zusammentragen. Mit Hilfe des Materials kann dies gefestigt bzw. zu einem späteren Zeitpunkt wiederholt werden.

Herstellung:

Das Domino aus den Kopiervorlagen möglichst direkt auf Karton kopieren. Es kann auch auf Papier kopiert und auf kleine Sperrholzplatten geklebt werden und koloriert werden.

Beschaffung:
Kopiervorlage (S. 53)
ggf. Dominosteine aus einer Holzleiste (Baumarkt)

Tipp: Komm – spiel mit! Eine Sammlung katechetischer Spiele, Steyler-Verlag

Zuordnungsspiel: Das gibt es in der evangelischen und katholischen Kirche. – Das gibt es nur in der katholischen Kirche

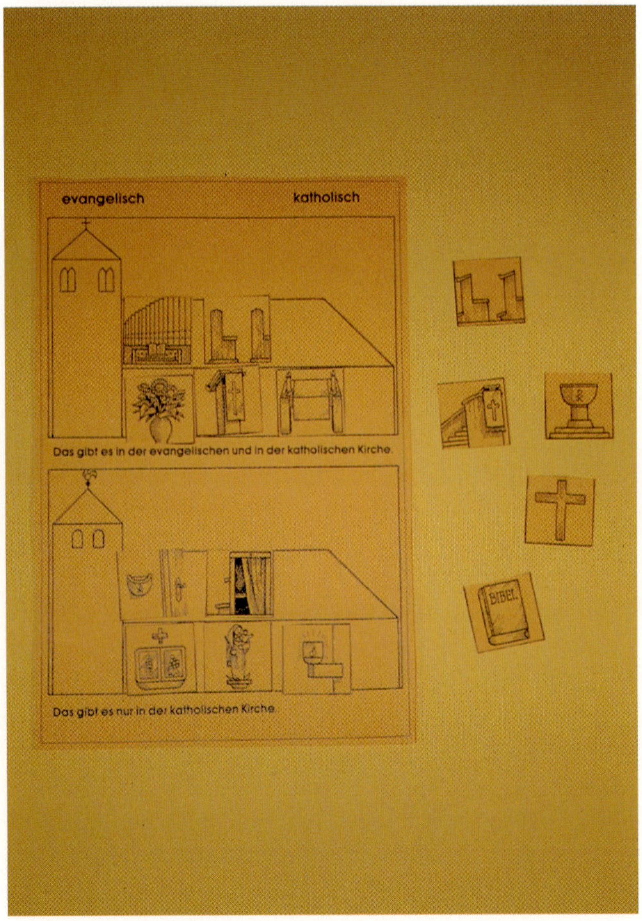

Beschreibung des Materials:

Das Material besteht aus einem Spielplan, der zwei Umrisse einer Kirche darstellt. In diese Umrisse müssen Kärtchen eingeordnet werden. In den ersten Umriss kommen alle Gegenstände, die es sowohl in der evangelischen als auch in der katholischen Kirche gibt. In den zweiten Umriss kommen ausschließlich die Gegenstände, die es nur in der katholischen Kirche gibt.

Methodisch-didaktische Hinweise:

Ökumene ist ein Thema des Religionsunterrichtes. Kinder erfahren aber immer noch das Trennende, in der Familie sowie auch im Religionsunterricht. Dieses Material kann im Rahmen einer Einheit zur Ökumene zur Verfügung gestellt werden.

Herstellung:

Der Spielplan und die Zuordnungskärtchen werden kopiert und entsprechend gestaltet.

Beschaffung:
Kopiervorlage (S. 54 f.)

Zuordnungsspiel: Das Kirchenjahr

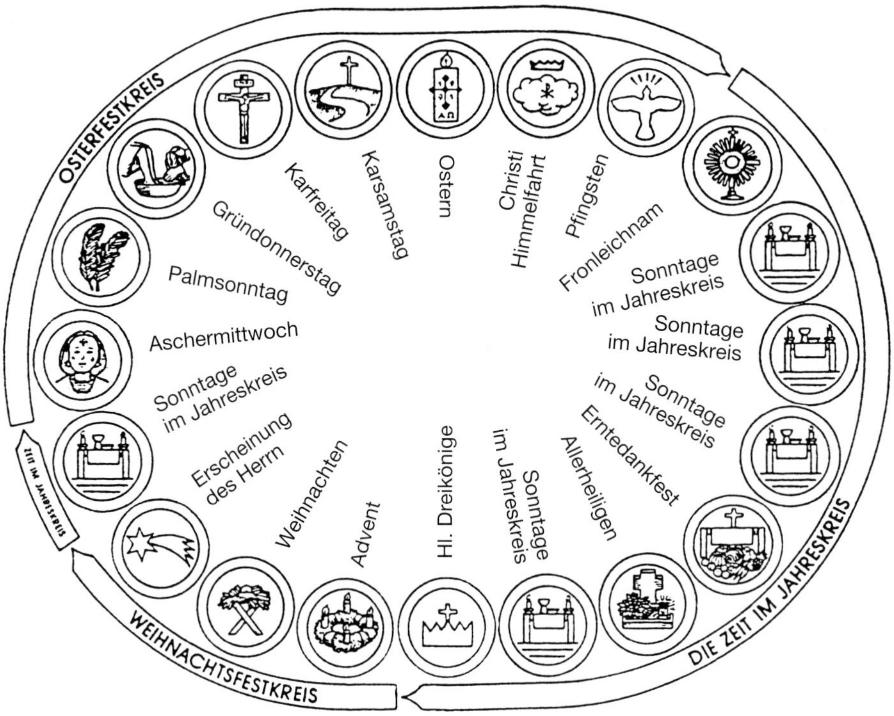

Beschreibung des Materials:

Das vorliegende Material besteht aus einem Spielplan, auf dem die Feste des Jahreskreises stehen, eingeteilt in vier Teile: den Osterfestkreis; die darauf folgende Zeit im Jahreskreis, mit den entsprechenden Festen und einigen Sonntagen im Jahreskreis und danach der Weihnachtsfestkreis; zwischen dem Weihnachts- und dem Osterfestkreis nochmals eine Station für die Zeit im Jahreskreis, in die jedoch ausschließlich Sonntage im Jahreskreis fallen. Es gibt zwei Möglichkeiten den Kreis auszufüllen, für den katholischen sowie für den evangelischen Religionsunterricht (Kopiervorlage). Auf die freien Felder innerhalb eines Festkreises werden die Symbole für die Sonntage im Jahreskreis gelegt.

Methodisch-didaktische Hinweise:

„Der Religionsunterricht soll die Feste des Kirchenjahres aufgreifen. Im Laufe eines Jahres wird uns das Leben und Heilswerk Jesu Christi immer neu vor Augen geführt. Durch die Feier der Geheimnisse unserer Erlösung werden diese für uns gegenwärtig. Wir erleben immer neu, was uns Gott durch die Menschwerdung und Geburt, durch den Tod, die Auferstehung und die Himmelfahrt Jesu Christi sowie durch die Sendung des Heiligen Geistes geschenkt hat und was er uns bei seiner letzten Ankunft schenken wird" (Baur, J./Bongers, W./Plöger „Mein Glaubensbuch", Donauwörth, 1986).

Herstellung:

Der Spielplan und die Symbolkärtchen müssen kopiert und entweder in der katholischen oder evangelischen Variante hergestellt und farbig gestaltet werden. Die Ränder der Symbolkärtchen erhalten die jeweilige liturgische Farbe:

Violett:	Advent, Fastensonntage (Aschermittwoch)
Weiß:	Weihnachten, Heilige Drei Könige, Gründonnerstag, Ostern, Himmelfahrt, Fronleichnam, Allerheiligen, Christkönigsfest
Rot:	Palmsonntag, Karfreitag, Pfingsten
Grün:	Sonntage im Jahreskreis, Erntedankfest

Evangelische Variante:

statt Heilige Drei Könige – Erscheinungsfest
Aschermittwoch und Fronleichnam entfallen: hierfür kann das Symbol Sonntage im Jahreskreis gelegt werden statt Allerheiligen – Reformationstag
zusätzlich Buß- und Bettag

Auf den Spielplan werden die Namen der Feste bzw. „Sonntage im Jahreskreis" eingetragen. Dies kann ebenfalls mit der entsprechenden liturgischen Farbe geschehen.

Beschaffung:
Kopiervorlage (S. 56 ff.)

Tipp: „Das Jahr erleben mit der Jahreskette". Ein vielgestaltiges und vielseitig einzusetzendes Material, das zur individuellen Ausgestaltung einlädt und fächerübergreifende Bezüge bietet. Erhältlich bei der Buchhandlung Elke Dieck.
Spiel: „Rund ums Kirchenjahr". Verlag der Liebenzeller Mission, Bad Liebenzell

Material zum Nachdenken und Meditieren

„Es fehlt die Stille im menschlichen Leben", klagte Maria Montessori 1938 in einem Vortrag. „Die Stille fehlt, obwohl (...) alle, die irgendetwas Großes tun, das Bedürfnis der Stille empfunden haben" (Montessori 1989, S. 157). Halbfas zitiert hierzu Keanne Dengeon: „Wie soll man Gott begegnen, der in uns ist, wenn es nicht gelingt, uns in uns selbst zurückzuziehen, um uns zu sammeln. (...) Draußen ist der Lärm, ist die Eile, die Gier, die Eitelkeit. Aber das Zuhause ist nicht draußen, es ist drinnen. Es ist nicht die Welt, wir sind es. Es liegt nur an uns, das Haus mit der Stille zu erfüllen. Die Stille schenkt Erholung und Ruhe, sie heilt und tröstet. Sie stellt die Kräfte wieder her, behütet das Leben, fördert das Denken. Die Stille macht besser. Sie allein bringt Geist und Materie in Einklang" (Halbfas, 1988, S. 47).
Religionsunterricht soll Möglichkeiten zur Besinnung und Vertiefung geben (vgl. LP NRW, S. 23).
Darum sollten Kinder die Möglichkeit haben, still zu werden, wenn und wann sie es brauchen. Sollten sie die Möglichkeit haben, sich zurückzuziehen um Stille zu finden, dann eignen sich hierzu u. a. die folgenden Materialien. Diese Materialien sind natürlich auch im Klassenunterricht einsetzbar.

Tipp: Maria Montessori: „Wie Kinder zu Konzentration und Stille finden", Freiburg 1997

Mandalas

Beschreibung des Materials:

Die vier Mandalas bei den Kopiervorlagen haben als Mittelpunkt jeweils ein Symbol: Auge, Herz, Baum, Sonne.

Methodisch-didaktische Hinweise:

Mandalas gibt es in zahlreichen Varianten als Kopiervorlagen. Sie können im Klassenverband eingesetzt werden. Die Kinder sollten aber auch die Möglichkeit haben, sich gemäß ihren individuellen Bedürfnissen mit einem Mandala in die Ruhezone zurückzuziehen.
Madalas sind ein überraschend intensives Medium. „Sie sind nicht altersabhängig, haben einen hohen Einladungscharakter, schenken Bestätigung in der Gestaltung, vertiefen innere Ordnungsstrukturen ohne Zwang. (...) Mandalas sind keine schnelle Methode; nein, eigentlich gleicht es einer Entdeckungsreise Mandalas zu begegnen. (...) Das Wort Mandala selbst stammt aus dem Sanskrit und bedeutet Kreis und bezeichnet vor allem Kreisbilder, die als Gegenstand der Meditation benutzt wurden. Dieses Wort wurde von C. G. Jung auf alle Bilder übertragen, die sich in ihrer Symbolik im Kreis oder im Quadrat eindeutig auf die Mitte zentrieren. C. G. Jung hat die reichhaltigen Erfahrungen dieser Bilder wieder neu erschlossen und die therapeutische Dimension der Mandalas beschrieben. Er sah darin das Streben der menschlichen Psyche nach innerer Ordnung und heilsamem Einssein, wo es in jedem von uns angelegt ist. Und dies nicht erst in der heutigen Zeit, sondern schon von alters her. In vielen Kulturen und in den geistlichen Traditionen aller großen Religionen spielen Mandalas eine wichtige Rolle. Es sind Wegbeschreibungen zur Mitte des Lebens“ (aus: Machwitz, Gerda und Rüdiger: Aus der Mitte malen – heilsame Mandalas, München, 1996, Kösel-Verlag).

Beschaffung:
Kopiervorlagen (S. 59 ff.)
Weitere Varianten im Buchhandel

Legematerialien

Beschreibung des Materials:

Das Material besteht aus verschiedenen kleinen Holzelementen, die ausgelegt werden können. Dieses Material kann individuell ergänzt werden, z. B. durch Muscheln, Tannenzapfen, schöne Steine, verschieden farbige Tücher u. ä. Die Kinder können allein oder in kleinen Gruppen damit arbeiten.

Methodisch-didaktische Hinweise:

Das Legematerial bietet den Kindern die Möglichkeit nicht durch verstandesmäßige Erklärungen sondern durch die Begegnung mit einem Zeichen, einem Symbol im handelnden Umgang zu einem inneren Verstehen zu gelangen.
Ebenso wie bei den Mandalas ist es möglich, dass sich Kinder allein oder in kleinen Gruppen mit dem Material zurückziehen oder dass es im Klassenunterricht gemeinsam eingesetzt wird.

Beschaffung:
Verlag Religionspädagogische Arbeitshilfen

Tipp: Wertvolle Anregungen zum Einsatz des Legematerials finden Sie in „Religionspädagogische Praxis“, die viermal jährlich beim Verlag religionspädagogischer Arbeitshilfen, Landshut, erscheint.

Übungsmaterialien für die Freie Arbeit im Religionsunterricht

Wie bereits erwähnt, sollten auch bestimmte Inhalte des Religionsunterrichtes geübt und gefestigt werden. Hierzu kann man Materialien verwenden, die den Kindern aus anderen Lernbereichen bereits bekannt sind. Die meisten dieser Materialien können während der gesamten Grundschulzeit genutzt und stets mit aktuellem Lernstoff ausgestattet werden. Wenn die Kinder den Umgang mit einem dieser Materialien begriffen haben, können sie zukünftig selbständig damit arbeiten, auch wenn sich der Inhalt, also der entsprechende Lerngegenstand ändert. Es ist sinnvoll mit den Materialien abzuwechseln, nie sollten alle Materialien für einen Lerngegenstand bzw. ein Material oft hintereinander verwendet werden, damit den Kindern die Arbeit damit nicht langweilig wird. Einige Materialien können mit Hilfe der Kopiervorlagen im Anhang in beliebiger Stückzahl hergestellt werden. Die Materialien aus Holz gibt es als Fertig- bzw. Halbfertigprodukte.

Domino

Das Domino in seiner klassischen Spielform ist den Kindern meist schon aus dem Kindergarten bekannt. Eine Dominokarte ist in zwei Bereiche aufgeteilt. Im rechten Teil steht eine Aufgabenstellung, die entsprechende Lösung befindet sich auf dem linken Teil einer anderen Karte. Die Karte wird entsprechend angelegt. Wenn die Karten unterschiedliche Schnittränder haben, wie auch bei dem Beispiel des Dominos zum Alten Testament im Materialteil, ist eine Selbstkontrolle gewährleistet. Auf dem rechten Teil der Antwortkarte befindet sich wieder eine neue Aufgabenstellung, an die wiederum eine entsprechende Lösung angelegt werden muss. Ansprechender sind Dominos, wenn sie mit Bildern gestaltet werden.

Beschaffung:
Blanko-Kopiervorlage (S. 63)
Blanko Ausführung im Lehrmittelhandel (z. B. Fa. Schubi)

Brett- und Würfel-Spiele

Einige im Handel erhältliche Brett- und Würfelspiele wurden im Materialteil bereits erwähnt. Man kann diese aber auch selbst herstellen (Kopiervorlage). Es empfiehlt sich, diese für die Freiarbeit auf starken Karton oder Sperrholz zu kleben und mit Folie zu überziehen oder zu laminieren. Das Mittelfeld muss dem Thema entsprechend gestaltet werden. Wer nicht selbst zeichnen möchte, kann entsprechende Kopiervorlagen oder Bilder aus alten Büchern oder Prospekten verwenden. Zusätzlich müssen entsprechende Ereigniskärtchen angefertigt werden. Den Kindern bereitet es auch Freude eigene Spiele herzustellen.

Beschaffung:
Blanko-Kopiervorlage (S. 65)

Memory

Wie bereits bei dem Beispiel im Materialteil erwähnt, ist das Memory bereits bei Vorschulkindern beliebt und wird von ihnen erstaunlich gut beherrscht. Man kann Memorys aus Pappe selbst herstellen (Kopiervorlage). Außerdem gibt es im Lehrmittelhandel Blanko-Memory-Karten, die ganz individuell gestaltet werden können. Da das Memory stets in Partner- bzw. Gruppenarbeit gespielt wird, fördert es zusätzlich das soziale Lernen.

Beschaffung:
Blanko-Kopiervorlage (S. 64)
Blanko-Karten im Lehrmittelhandel (z. B. Fa. Schubi)

Karteien

Im Materialteil habe ich bereits einige im Handel erhältliche Karteien vorgestellt. Karteien haben den Vorteil, dass die Kinder sie ihrem individuellen Lerntempo entsprechend bearbeiten können.
Im Religionsunterricht bietet es sich an, eigene Sachkarteien zu erstellen, die nicht unbedingt systematisch bearbeitet werden müssen, wo die Kinder ihren Neigungen entsprechend Aufgabenstellungen wählen können. Besonders motivierend sind Karteien natürlich, wenn sie attraktiv illustriert sind. Hier bieten alte Schulbücher, Kinderbücher oder -zeitschriften, Werbematerial u. v. m. eine Fundgrube.

Lernscheibe

Die Lernscheibe ist ein ideales Arbeitsmittel für die Partnerarbeit. Sie besteht aus einer Hülle bzw. Tasche, die aus einem besonders haltbaren Material, wie z. B. starker Pappe, hergestellt werden. In diese Hülle kommen austauschbare Auftragsscheiben. Die Auftragsscheibe wird mit einer Musterklammer mit der Hülle verbunden. Man benötigt also nur eine geringe Anzahl von Hüllen, die stets mit aktuellen Auftragsscheiben bestückt werden können (Kopiervorlage).
Die Kinder sitzen sich bei der Arbeit mit der Lernscheibe gegenüber. Ein Kind liest die Aufgabenstellung und löst sie. Das ihm gegenüber sitzende Kind liest auf der anderen Seite der Scheibe die Lösung ab und kontrolliert somit die genannte Lösung des ersten Kindes. Sinnvoll ist es, auf der Auftragsscheibe auf den einzelnen Seiten immer Aufgabenstellung und Lösung abfolgen zu lassen, damit jedes Kind abwechselnd eine Aufgabe löst bzw. kontrolliert.

Beschaffung:
Kopiervorlage (S. 66 f.)

Setzleiste

Die Setzleiste ist ein vielseitig verwendbares Arbeitsmittel. Sie eignet sich für Übungen in allen Lernbereichen, ermöglicht Einzel- oder Partnerarbeit und kann während der gesamten Grundschulzeit eingesetzt werden.
Die gängigste Form der Setzleiste, die sogenannte Reutlinger Norm, hat die Abmessungen 4 × 4 × 60 cm und verfügt über zwei Rillen. Die hintere Rille ist für die Auftragskarten (mit der Lösung im verdeckten Bereich) und in der vorderen Rille wird die entsprechende Lösungskarte den Auftragskarten zugeordnet.
Bei den Kopiervorlagen gibt es Blankoausführungen für sechs Auftrags- sowie sechs Antwortkarten. Diese können direkt auf Karton kopiert und entsprechend gestaltet werden. Sechs Kartenpaare füllen jeweils eine Setzleistenlänge von 60 cm aus.

Beschaffung:
Setzleiste: Fa. Torsten Schmidt
Karten: Kopiervorlage (S. 68)

Stöpselkasten

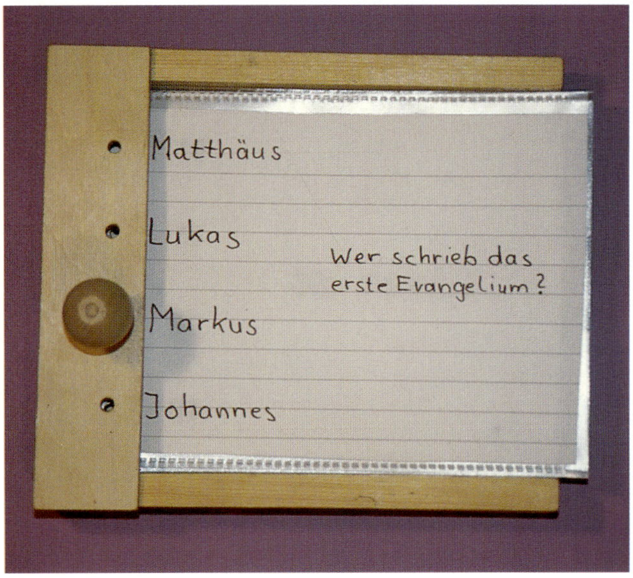

Der Stöpselkasten ist ein Holzkasten, der mit Aufgabenkarten bestückt wird. Jede Aufgabenkarte enthält eine Aufgabenstellung mit vier Lösungsvorschlägen. Für jede Lösung gibt es ein Loch, in das der Stöpsel gesteckt werden kann. Bei der richtigen Lösung ist die Karte eingeschnitten, so dass sie trotz des Stöpsels herausgezogen werden kann. Stöpselt der Schüler ein falsches Ergebnis, so lässt sich die Karte nicht herausziehen. Dies ist die Selbstkontrolle.
Im Handel gibt es bereits vorgestanzte Kartonkarten oder Plastikhüllen. Man kann diese aber auch selbst herstellen (KV). Einen höheren Aufforderungscharakter haben die Karten, wenn sie illustriert sind. Hierzu können wieder Motive aus alten Schulbüchern, Kinderzeitungen, Katalogen oder anderem Werbematerial verwandt werden.

Beschaffung:
Kasten: Fa. Torsten Schmidt
Karten: Kopiervorlage (S. 69)
bereits gestanzte Karten aus Karton oder Kunststoffhüllen für Karten: Fa. Torsten Schmidt

Rahmenpuzzle

Das Rahmenpuzzle besteht aus einem Holzrahmen mit einem Plexiglasboden in Postkartenformat. Außerdem gehören ein großer Holzdeckel, der genau in den Rahmen passt, sowie sechs kleine Holzdeckel dazu. Aus Postkarten lässt sich schnell ein Vorrat an Puzzlematerial anfertigen.

Entweder werden die Puzzleteile beschriftet wie bei einem Domino, so dass sich stets Frage und Antwort auf einem Kärtchen befinden, wobei die passende Antwort immer an die Fragestellung des vorherigen Kärtchens angelegt werden muss. Oder man fertigt einen Spielplan an, der unter den Plexiglasboden gelegt wird. Auf der Rückseite der Kärtchen befinden sich die Bildausschnitte aus dem Postkartenmotiv, die hinterher zusammengesetzt das Lösungsbild ergeben. Die entsprechenden Lösungen werden dann, mit dem Bild nach unten, auf den Plexiglasboden gelegt. Sind alle Puzzleteile ausgelegt (entweder eine Sechser- oder Neunereinteilung wählen), werden sie mit dem Holzdeckel abgedeckt. Nun kann der Schüler den Rahmen umdrehen. Entsteht ein eindeutiges Motiv, so hat er die Aufgaben richtig gelöst. Somit entfällt bei dieser Form des Puzzelns die Kritik, dass die Kinder nur nach dem Motiv puzzeln und die Aufgabenstellung vernachlässigen. Das System entspricht den LÜK-Kästen, ist aber durch interessante Postkartenmotive wesentlich ansprechender, vor allem, wenn diese in direktem Bezug zum Thema stehen. Bei der obigen Abbildung habe ich als Postkarte eine Kirchentür gewählt, die die Elemente des Credos darstellt. Auf der Rückseite habe ich das Glaubensbekenntnis in sechs Teile aufgeteilt, die nun auf die Felder 1 bis 6 auf dem Spielplan ausgelegt werden müssen.

Auf die Variante mit den sechs kleinen Täfelchen gehe ich in diesem Zusammenhang nicht näher ein, da sie hauptsächlich für einfache Wahrnehmungsübungen im Bereich Mathematik und Sprache im Anfangsunterricht vorgesehen sind. Sie werden bei dem Material jedoch stets mitgeliefert.

Beschaffung:
Fa. Torsten Schmidt
Spielpläne: eigene Herstellung aus Postkarten

Super-Acht

In den acht Feldern der Super-Acht-Scheibe befinden sich jeweils mehrere Aufgabenkärtchen. Durch das Drehen der kleinsten Scheibe ermitteln die Kinder, welche Aufgabenkarte sie lösen sollen. Auf der Rückseite der Aufgabenkarte befindet sich die Lösung (Selbstkontrolle). Die Aufgabenkärtchen können selbst angefertigt werden. Im Anhang befindet sich eine entsprechende Kopiervorlage, die auch direkt auf Karton kopiert werden sollte. Bei den oben gezeigten Kärtchen habe ich Elemente aus dem Möckmühler Arbeitsbogen Nr. 1 „Lasset uns mit Jesus gehen“ übernommen.

Beschaffung:
Kopiervorlage (S. 70)

Streichholzschachteln

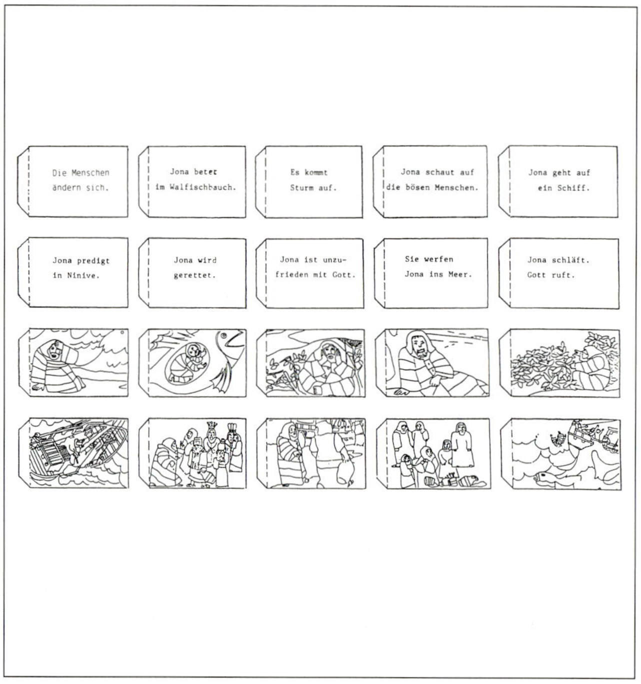

In den Streichholzschachteln ist ein Leporello vorhanden. Bei den Kopiervorlagen gibt es ein Blanko-Leporello zur individuellen Gestaltung. Das Leporello kann von den Kindern selbst gestaltet werden. Es können aber auch bereits vorgefertigte Leporellos hergestellt werden, wie Mechthild Israel und Herbert A. Zwergel sie in ihrem Artikel in Grundschule 6/89 beschreiben: „Zum Abschlusss der Unterrichtseinheit ‚Jona‘ bot sich den Kindern des 3. und 4. Schuljahres aus ‚Grundschule konkret II‘ die Vorlage einer Bildgeschichte in falscher Reihenfolge mit verknüpfenden Lernblättern, aus denen die Kinder ein Leporello in der Streichholzschachtel erstellen sollten: Ordnen der Bilder in die richtige Reihenfolge, individuell orientiertes Schreiben von Verknüpfungstests, Einpassen in die Streichholzschachtel – Kooperation ausdrücklich erwünscht. Jedes Kind hat auf diese Weise seinen ‚Jona‘ – und ich bin immer wieder überrascht, dass die Kinder diesen immer dabei haben und auch mit anderen Schülern auf dem Pausenhof darüber sprechen.“

Beschaffung:
Blanko-Kopiervorlage (S. 71)

4.
Kopiervorlagen

Übersicht über die Kopiervorlagen:

KV 1 (1) Ereigniskarten zur Zeitkette:

ab 2000 v. Chr.
Zeit der Stammväter Abraham, Isaak, Jakob. Auswanderung nach Ägypten.

um 1250 v. Chr.
Mose und Josua: Rückwanderung. Landnahme in Kanaan.

1200–1020 v. Chr.
Zeit der Richter.

1200–922 v. Chr.
Die erste Zeit in Kanaan. Zwölfstämmebund. Prophet Samuel.

ca. 1020 v. Chr.
König Saul.

1012–972 v. Chr.
König David. Jerusalem wird Hauptstadt.

972–922 v. Chr.
König Salomo: gilt als weiser König, lässt den Tempel bauen.

932 v. Chr.
Reichsteilung in das Nordreich Israel unter König Jerobeam 1. und in das Südreich Juda unter König Rehabeam.

ca. 950 v. Chr.
Anfänge der schriftlichen Überlieferung des AT (Jahwist).

ca. 870–800 v. Chr.
Prophet Elija/Elischa.

ca. 750 v. Chr.
Propheten Hosea/Amos.

740–700 v. Chr.
Propheten Jesaja, Micha.

721 v. Chr.
Der assyrische König Sargon erobert das Nordreich.

587 v. Chr.
Nebukadnezzar, König von Babylon, belagert Jerusalem. 587 wird die Stadt erobert, der Tempel zerstört und die Oberschicht der Bevölkerung weggeführt. Ende des Königreiches Juda. Der Komponist Verdi hat hierüber die Oper Nabucco komponiert.

nach 587 v. Chr.
Klagelieder.

ca. 650 v. Chr.
Deuteronomium.

167–135 v. Chr.
Wieder eigene Könige, die auch oberste Priester sind.

ab 398 v. Chr.
Unter fremder Herrschaft: Perser, Alexander der Große (332) und seine Nachfolger.

ca. 450 v. Chr.
Unter Nehemia und Esra Wiederaufbau von Tempel und Gemeinde.
Priesterschrift, Buch der Sprüche.

600–580 v. Chr.
Prophet Jeremia/Baruch.

63 v. Chr.
Palästina wird römische Provinz.

301–198 v. Chr.
Palästina unter den ägyptischen Ptolemäern.

5./3. Jh. v. Chr.
Buch Ijob, Tobit, Judi, Ester.

538 v. Chr.
Rückkehr der Verbannten mit Erlaubnis des Königs Kyros (Kyros-Edikt).

37–4 v. Chr.
König Herodes.

198 v. Chr.
Herrschaft der syrischen Selekuiden.

4./3. Jh. v. Chr.
Chronistisches Geschichtswerk
Kohelt, Joel, Maleachi.

ca. 520 v. Chr.
Haggai, Sacharja, Tritojesaja.

6 v. Chr.
Jesus wird in Nazareth geboren.

167 v. Chr.
Aufstand der Makkabäer.

2. Jh. v. Chr.
Jesus Sirach, Makkabäerbücher, vermutlich Daniel, Buch der Weisheit.

520–516 v. Chr.
Wiederaufbau des Tempels in Jerusalem.

0
Beginn unserer Zeitrechnung, weil dieses Jahr als Geburtsjahr Jesu galt. Erst später fand man heraus, dass Jesus bereits 6 Jahre vor unserer Zeitrechnung geboren wurde.

6 n. Chr.
Jesus spricht zum ersten Mal im Tempel.
Römische Statthalter in Palästina.

26–36 n. Chr.
Pontius Pilatus ist römischer Statthalter.

18–36 n. Chr.
Kajaphas Hoherpriester.

ca. 30 n. Chr.
Jesus wird gekreuzigt. Die ersten christlichen Gemeinden entstehen.

31/33 n. Chr.
Paulus wird Christ.

45–48 n. Chr.
1. Missionsreise des Paulus.

48/49 n. Chr.
Apostelkonzil in Jerusalem.

51 n. Chr.
Zusammenkunft der Apostel in Jerusalem.

51/54 n. Chr.
2. Missionsreise des Paulus.

51 n. Chr.
1. Thessalonicherbrief.

55/59 n. Chr.
3. Missionsreise des Paulus.

ab 64 n. Chr.
Christenverfolgungen.

60/61 n. Chr.
Paulus als Gefangener nach Rom.

55–67 n. Chr.
Übrige Paulusbriefe.

ca. 67 n. Chr.
Tod des Petrus und Paulus in Rom.

KV 1 (4)

70 n. Chr.
Nach dem Aufstand der Juden gegen die Römer wird der Tempel durch Titus zerstört.

bis ca. 120 n. Chr.
Übrige Schriften des Neuen Testamentes.

527–565 n. Chr.
Kaiser Justinian, Anfänge des Kirchenstaates.

863–867 n. Chr.
Kirchenspaltung: Ostrom – Westrom.

ca. 70 n. Chr.
Markusevangelium.

150 n. Chr.
Erste christliche Gemeinden in Mitteleuropa.

571 n. Chr.
Mohammed (Prophet des Islam).

900–1000 n. Chr.
Bedeutende Klosterschulen.

75–90 n. Chr.
Matthäus- und Lukasevangelium.

ca. 300 n. Chr.
Erste bekannte Kirchen.
Entstehung der Evangelien.

ab 724 n. Chr.
Klostergründungen.

1054 n. Chr.
Endgültige Spaltung der Christenheit.

90–100 n. Chr.
Johannesevangelium, Apostelgeschichte, Offenbarung.

um 350 n. Chr.
Heiliger Nikolaus.

800 n. Chr.
Kaiserkrönung Karls d. Gr.
Karolingische Kirchenreform.

1216 n. Chr.
Gründung des Dominikaner-Ordens.

1997 n. Chr.
Tod von Mutter Teresa.

1875–1965 n. Chr.
Albert Schweitzer.

1453 n. Chr.
Druck der Gutenberg-Bibel.

1182–1226 n. Chr.
Franziskus von Assisi.

Ich wurde geboren.

1948 n. Chr.
Gründung des Staates Israel.

1492 n. Chr.
Entdeckung Amerikas durch Christoph Kolumbus.

1223 n. Chr.
Gründung des Franziskaner-Ordens.

1968 n. Chr.
Martin Luther King wird ermordet.

1483–1546 n. Chr.
Martin Luther
Martin Luther hat die alte Kirche reformiert (Reformation). Er übersetzte die Bibel ins Deutsche.

1207–1231 n. Chr.
Elisabeth von Thüringen.

1872 n. Chr.
Pfarrer Friedrich Bodelschwingh wird Leiter in Bethel.

1264 n. Chr.
Einführung des Fronleichnams-festes.

KV 2 (1) Domino zum Alten Testament

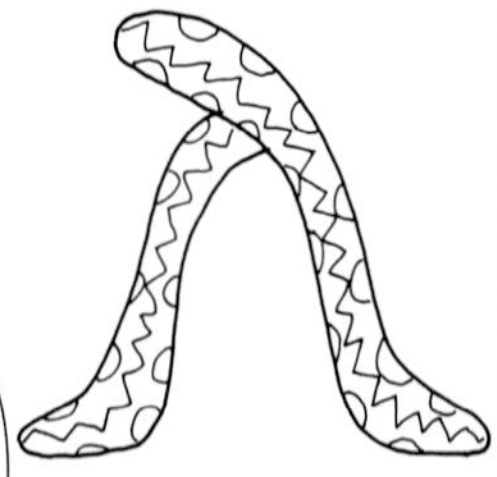

Gott erschafft Himmel und Erde.

Eva pflückt den verbotenen Apfel. Adam und Eva essen den Apfel.

Gott bestraft Adam und Eva. Sie müssen das Paradies verlassen.

Adam und Eva bekommen zwei Kinder: Kain und Abel. Beide bringen Gott ein Opfer, aber Gott erkennt nur Abels Opfer an. Da ermordet Kain seinen Bruder.

Es kommt eine große Flut. Noah baut eine Arche und rettet von allen Tieren ein Paar.

Nach der Rettung bringt Noah ein Dankopfer. Der Regenbogen wird das Zeichen für den Bund, den Gott mit Noah und seinen Nachkommen schließt.

Die Menschen in Babel wollen einen Turm bauen, der bis in den Himmel reichen soll. Da verwirrt Gott ihre Sprache und verstreut sie über die ganze Erde.

Abraham rettet Lot und sein Volk. Der König von Salem, Melchisedek, gibt ihm Brot und Wein und segnet ihn.

KV 2 (2)

Gott vernichtet die Städte Sodom und Gomorra, weil er in ihnen keine gerechten Menschen mehr gefunden hat.

Gott verheißt Abraham: „Deine Nachkommen werden so zahlreich wie der Sand am Meer und die Sterne am Himmel sein.“

Rebekka gibt einem Fremden und seinen Kamelen Wasser aus dem Brunnen.
Sie wird Isaaks, Sohn Abrahams, Frau.

Isaak und Rebekka bekommen zwei Söhne: Jakob und Esau. Esau überlässt Jakob das Erstgeburtrecht für ein Linsengericht.

Im Traum sieht Jakob die Himmelsleiter.

Jakobs Söhne verkaufen ihren Bruder Josef für zwanzig Silberlinge.

Josef deutet die Träume des Pharaos von den sieben schönen Kühen und Ähren und den sieben mageren Kühen und ausgedörrten Ähren.

Josefs Brüder ziehen nach Ägypten, um Getreide zu kaufen, weil in Kanaan Hungersnot herrscht.

KV 2 (3)

Der kleine Mose wird in einem Binsenkörbchen auf dem Nil ausgesetzt. Die Tochter des Pharaos findet ihn und nimmt ihn als Kind an.

Gott spricht zu Mose aus dem brennenden Dornbusch. Mose soll das Volk Israels in die Freiheit führen.

Durch das Rote Meer führt Mose das Volk in die Freiheit.

Gott lässt in der Wüste Brot vom Himmel regnen. Die Israeliten nennen es Manna.

Gott gibt Mose auf dem Berge Sinai die zehn Gebote für das israelitische Volk.

Die Israeliten stellen ein goldenes Kalb auf einen Altar und beten es an.

Zwölf Männer ziehen als Kundschafter in das gelobte Land. Sie nehmen eine Rebe mit Weintrauben und andere Früchte mit und berichten: „Es ist wirklich ein Land, in dem Milch und Honig fließen.“

Mose schlägt mit einem Stock Wasser aus dem Felsen für das durstige Volk.

Aarons, Moses Bruder, Stab wird zur Schlange. Dieses Wunder soll dem Pharao Gottes Macht beweisen.

Auf dem Berg Nebo stirbt Mose. Josua wird nun der Führer der Israeliten.

Die Israeliten erobern Jericho, während die Priester die Posaunen blasen. Sie erobern das Land Kanaan.

Josua teilt das Land Kanaan unter den zwölf Stämmen auf.

Ruben	Simeon	Levi
Juda	Dan	Naftali
Gad	Ascher	Jssacher
Sebulon	Josef	Benjamin

Gideon besiegt mit einem Heer von 300 Mann die Midianiter. Sie versteckten Fackeln in Tonkrügen und bliesen auf ihren Widderhörnern.

Saul wird der erste König der Israeliten.

David besiegt Goliath mit einer Steinschleuder.

David wird nach Saul König.

König Salomo
baut in Jerusalem
den ersten Tempel.

Das Königreich wird
in das Nordreich Israel
und in das Südreich
Juda geteilt.

In Juda spricht Gott
durch die Propheten
Jesaja, Jeremia,
Ezechiel und Daniel.

In Israel hat es
drei Jahre und
sechs Monate nicht
mehr geregnet. Da
betet der Prophet
Elija um Regen.

Im Jahr 587
wird Jerusalem
erobert und
der Tempel total
zerstört.

König Belsazer
frevelt.
MENE – TEKEL –
PHARES.

Der Prophet Daniel
wird von Gott aus der
Löwengrube errettet.

Von 520 bis
516 v. Chr. wird
der Tempel in
Jerusalem wieder
aufgebaut.

KV 2 (6)

Die Makkabäer kämpfen gegen die Griechen, die das Volk Israel unterdrücken.

Die Römer kommen ins Land und Kaiser Augustus erobert Jerusalem.

Der Erzengel Gabriel bringt Maria die frohe Botschaft.

Jesus wird geboren.

KV 3 (1) Stabpuppen zur Josefs-Geschichte

KV 3 (2) Stabpuppen zur Josefs-Geschichte

KV 4 „Mein Josefs-Buch“

Auf den fett gedruckten Linien ausschneiden, übereinander legen und in der Mitte zusammenheften.

KV 5 (1) Textkarten zu „Lasset uns mit Jesus gehen“

1 Jesus wurde in Bethlehem geboren

Weil Maria und Josef keinen Platz mehr in einer Herberge gefunden hatten, wurde Jesus in einem Stall geboren. Die Engel verkündeten den Hirten: „Fürchtet euch nicht! Denn siehe, ich verkünde euch eine große Freude, eine Freude für das ganze Volk: Heute ist euch in der Stadt Davids der Retter geboren; es ist der Messias, der Christus, der Herr. Und das soll für euch das Zeichen sein: Ihr werdet ein Kind finden, das in Windeln gewickelt in einer Krippe liegt.“

2 Der Zwölfjährige im Tempel von Jerusalem

Als Jesus zwölf Jahre alt war, pilgerte er mit seinen Eltern zum Paschafest nach Jerusalem. Noch heute ist es üblich, dass die jüdischen Jungen in diesem Alter von den Erwachsenen in die Gemeinde aufgenommen werden. Bei der „Bar-Miswa“-Feier dürfen sie zum erstenmal aus der Heiligen Schrift vor den Erwachsenen vorlesen. Jesus erstaunte damals die Lehrer im Tempel mit seinen klugen Äußerungen.

3 Die Taufe im Jordan durch Johannes

Johannes taufte am Jordanufer die Menschen. Er verkündete: „Bekehrt euch! Lasst euch taufen, damit eure Sünden vergeben werden!“ Auch Jesus, der jetzt ungefähr dreißig Jahre alt war, ließ sich taufen. Eine Stimme aus dem Himmel sprach: „Du bist mein geliebter Sohn! An dir habe ich Gefallen.“

4 Die schwere Prüfung in der Wüste

Jesus zog sich in die Wüste zurück um dort zu beten und zu fasten. Hier musste er eine schwere Prüfung bestehen. Aber er bekannte sich zu Gott: „Du sollst anbeten den Herrn, deinen Gott, und ihm allein dienen.“

5 Die Hochzeit in Kana
Mit einigen seiner Jünger ging Jesus zu einer Hochzeitsfeier nach Kana. Dort gab es keinen Wein mehr und Jesus verwandelte Wasser zu Wein. Dies war „der Anfang seiner Zeichen und Wunder".

6 Fischfang des Petrus
Als Jesus am See von Galiläa vorbeikam, sah er die Fischer Simon und Andreas. Er sprach zu ihnen: „Kommt, folgt mir nach! Ich werde euch zu Menschenfischern machen." Simon und Andreas und auch Jakobus und sein Bruder Johannes folgten ihm.

7 Die Rede auf einem Berg
Jesus stieg auf einen Hügel am Ufer des Sees Gennesaret und sprach von dort zu den Menschen: Die „Bergpredigt". Aus ihr kann man erfahren, was das Reich Gottes ist und wie es dort zugeht und auch, was Menschen tun und lassen müssen, um zum Reich Gottes zu gehören.

8 Jesus und die Frau aus Samarien
Jesus kam mit seinen Jüngern durch Samarien. Dort bat er eine Frau am Brunnen um Wasser. Diese wollte es ihm nicht geben, weil er ein Jude war. Jesus sprach mit ihr und im Anschluss daran ging sie in die Stadt und sagte: „Kommt, seht einen Menschen, der mir alles gesagt hat, was ich getan habe, ob er nicht der Christus sei!"

9 Der römische Hauptmann von Kafernaum
Ein römischer Hauptmann bat Jesus seinen gelähmten Knecht zu heilen. Er sagte zu Jesus: „Herr ich bin nicht wert, dass du unter mein Dach gehst, sondern sprich nur ein Wort, so wird mein Knecht gesund.“ So groß war sein Glauben an Jesus. Und Jesus sprach zu ihm: „Geh hin, dir geschehe, wie du geglaubt hast.“ Und sein Knecht wurde gesund zu derselben Stunde.

10 Der Kranke bei der Heilquelle Betesda
Jesus heilte einen Kranken am Sabbat und forderte ihn auf sein Bett zu nehmen und zu gehen. Nach dem Gesetz der Juden ist dies am Sabbat aber verboten. Jesus sagte: „Mein Vater wirkt bis auf diesen Tag, und ich wirke auch.“ Darum trachteten die Juden noch viel mehr danach ihn zu töten, weil er nicht allein den Sabbat brach, sondern auch sagte, Gott sei sein Vater und machte sich selbst Gott gleich.

11 Der Jüngling zu Nain
In Nain weinte eine Witwe, weil ihr einziger Sohn gestorben war. Jesus tröstete sie und erweckte ihren Sohn wieder zum Leben. Alle priesen Gott und sprachen: „Es ist ein großer Prophet unter uns aufgestanden“ und „Gott hat sein Volk besucht.“ Und diese Kunde von ihm hörte man in ganz Judäa und im ganzen umliegenden Land.

12 Der Sturm auf dem See Gennesaret
Jesus war mit seinen Jüngern in einem Boot auf dem See Gennesaret. Als ein starker Sturm aufkam, weckten sie Jesus, der schlief, und sagten: „Meister! Kümmert es dich nicht, dass wir untergehen?“ Da stand Jesus auf, drohte dem Wind und sagt zu dem See: „Schweig! Sei still!“ Und es trat völlige Stille ein.

13 Die Heilung des Gelähmten
Jesus war wieder in einem Haus in Kafernaum, das von Menschen umringt war. Da ließ man einen Gelähmten auf einer Trage durch das Dach. Jesus sagte zu ihm. „Mein Sohn! Deine Sünden sind dir vergeben.“ Schriftgelehrte, die auch anwesend waren, hielten dies für Gotteslästerung, weil nur Gott Sünden vergeben kann. Jesus sagte: „Ihr sollt sehen, dass der Menschensohn die Vollmacht hat auf Erden Sünden zu vergeben.“ Und er forderte den Gelähmten auf seine Trage zu nehmen und zu gehen. Da gerieten alle außer sich. Sie priesen Gott und riefen: „So etwas haben wir noch nie gesehen!“

14 Die Heilung des Geisteskranken
Jesus heilte auch einen Geisteskranken, den man in Ketten gelegt hatte. Er wurde wieder ganz vernünftig und wollte bei Jesus bleiben. Aber Jesus sagte zu ihm: „Geh hin in dein Haus und verkünde allen, welch große Wohltat dir der Herr getan hat und wie er sich deiner erbarmt hat.“ Dies tat er auch und alle wunderten sich.

15 Bei Jairus und seiner Tochter
Die zwölfjährige Tochter des Synagogenvorstehers war gestorben. Jesus aber sagte: „Was schreit und jammert ihr? Das Kind ist nicht gestorben, es schläft nur.“ Da lachten sie ihn aus. Jesus ging zu dem Mädchen und sagte: „Talita kum!“ Das bedeutet: „Mädchen, ich sage dir, steh auf!“ Und das Mädchen lebte wieder.

16 Protest gegen Jesus in Nazareth
Jesus kam an einem Sabbat in die Synagoge von Nazareth. Dort wurden die Menschen wütend auf ihn. Sie sagten: „Jesus ist der Sohn eines Zimmermanns. Er hat hier gewohnt. Wie kann er der König sein, den wir erwarten.“ Und dann jagten sie ihn aus der Stadt.

17 Jesus gibt Tausenden Nahrung

Jesus fuhr mit seinen Jüngern mit einem Boot in eine einsame Gegend um mit ihnen allein zu sein. Aber viele Menschen folgten ihnen zu Fuß und kamen noch vor ihnen an. Jesus hatte Mitleid mit ihnen, denn sie waren wie Schafe, die keinen Hirten hatten. Und er predigte zu ihnen. Es wurde Abend und alle waren hungrig. Aber es waren nur fünf Brote und zwei Fische da. Jesus nahm diese, sah zum Himmel und sprach den Segen. Dann ließ er seine Jünger die Nahrung austeilen und sie reichte für 5000.

18 Die Griechin aus Syrophönizien

Eine Griechin aus Syrophönizien bat Jesus, er möge ihre kranke Tochter wieder gesund machen. Jesus sprach zu ihr: „Lass zuvor die Kinder satt werden, es ist nicht richtig, dass man den Kindern das Brot wegnimmt und es dann den Hunden gibt.“ Die Griechin antwortete: „Ja, Herr. Aber auch für die Hunde unter dem Tisch fällt etwas von dem Brot ab, das die Kinder essen.“ Jesus sagte daraufhin, sie solle nach Hause gehen und ihre Tochter war wieder gesund.

19 Die Heilung der zehn Leprakranken

Jesus begegneten zehn Leprakranke und sie baten ihn sie zu heilen. Jesus sagte, sie sollten zu den Priestern gehen und sich zeigen. Die Kranken taten dies und waren wieder gesund. Nur einer von ihnen ging zu Jesus zurück um ihm zu danken. Jesus fragte, wo denn die anderen wären. Dann sprach er: „Steh auf, geh hin, dein Glaube hat dir geholfen.“

20 Kleine Kinder als Vorbild

Man brachte Kinder zu Jesus, damit er sie berühren sollte. Die Jünger wollten sie abweisen. Da wurde Jesus sehr ärgerlich und er sprach: „Lasst die Kinder zu mir kommen, hindert sie nicht! Denn Menschen wie ihnen gehört das Reich Gottes. Amen, ich sage euch. Wer das Reich Gottes nicht annimmt, als wäre er ein Kind, wird nicht hineinkommen.“ Dann nahm er die Kinder in seine Arme und segnete sie.

21 Der verhasste Zollbeamte Zachäus
Jesus kam nach Jericho. Dort wohnte der Oberzöllner Zachäus, der sehr reich war. Auch Zachäus wollte Jesus sehen, aber die anderen versperrten ihm die Sicht, denn er war sehr klein. Darum kletterte Zachäus auf einen Feigenbaum. Als Jesus ihn sah, bat er ihn herunterzukommen und sagte, er wolle an diesem Tag Gast im Hause des Zachäus sein. Die Menschen waren verärgert, denn sie mochten Zachäus nicht. Für sie war er ein Sünder, weil der ihnen so viel Geld abgenommen hatte. Da versprach Zachäus, dass er die Hälfte seines Geldes den Armen geben und allen, denen er zuviel abgenommen habe, das Vierfache zurückgeben wolle. Da sagte Jesus: „Heute ist das Heil in dein Haus gekommen; auch Zachäus ist ein Sohn Abrahams. Denn der Menschensohn ist gekommen um die Verlorenen zu suchen und zu retten!“

22 Jesus auf dem Weg nach Jerusalem
Kurz vor Jerusalem bat Jesus seine Jünger in ein Dorf zu gehen um ihm ein Eselfohlen zu holen. Sie brachten es ihm, legten ihre Kleider auf den Rücken des Esel und Jesus setzte sich darauf. So zog er in Jerusalem ein. Viele Menschen breiteten ihre Kleider auf dem Weg aus, streuten Grasbüschel und riefen: „Hosanna! Hochgelobt sei, der da kommt im Namen des Herrn! Gepriesen sei das Reich unseres Vaters David, das nun anbricht! Hosanna, Gott in der Höhe!“ Jesus wurde gefeiert wie ein mächtiger König.

23 Die Tempelreinigung
In Jerusalem ging Jesus mit seinen Jüngern in den Tempel. Er warf alle Händler, Käufer und Geldwechsler aus dem Tempel und sprach: „Steht nicht geschrieben: Mein Haus soll ein Haus des Gebetes genannt werden für alle Völker? Ihr aber habt aus dem Tempel eine Räuberhöhle gemacht!“ Die Priester und Schriftgelehrten waren hierüber sehr wütend.

24 Die Kreuzigung
Jesus wurde zusammen mit zwei Schwerverbrechern gekreuzigt. An das Kreuz wurde ein Schild genagelt, auf dem stand: Jesus von Nazareth, König der Juden. Jesus sprach: „Vater vergib ihnen, denn sie wissen nicht, was sie tun.“ Viele verspotteten ihn. Als die Sonne unterging, riss der Vorhang im Tempel entzwei. Jesus rief laut. „Vater, ich befehle meinen Geist in deine Hände!“ Dann starb er. Ein Hauptmann rief aus: „Wahrhaftig, dieser Mensch war Gottes Sohn!“

25 Jesus Auferstehung

Jesus wurde begraben. Am Tage nach dem Sabbat gingen drei Frauen an sein Grab, um ihn mit Ölen zu salben. Aber der große Stein vor seiner Grabstelle war nicht mehr da. Auch Jesus war nicht mehr da. Nur ein Engel sprach zu ihnen: „Fürchtet euch nicht. Jesus ist nicht mehr tot. Er ist wieder auferstanden!“

KV 6 Domino: Mitarbeiter in der Pfarrgemeinde

Anfang		Er/sie pflegt den Kirchenraum und bereitet alles für den Gottesdienst vor. (Küster/in)	
Er leitet die Gemeinde, feiert mit ihr die heilige Messe. Er kümmert sich um alle in der Pfarrgemeinde. (Pfarrer)		Er/sie spielt in den Gottesdiensten die Orgel. (Organist/in)	
Seine Mitglieder beraten den Pfarrer in wichtigen Fragen des Gemeindelebens. (Pfarrgemeinderat)		Sie versorgt die Kranken in der Pfarrgemeinde. (Krankenschwester)	
In einer großen Gemeinde ist er der zweite Priester. Oft kümmert er sich besonders um die Jugendlichen. (Kaplan)		Er hilft dem Pfarrer im Gottesdienst, predigt, teilt die Kommunion aus, spendet die Taufe und beerdigt die Toten. (Diakon)	
Er/sie leitet den Kirchenchor. (Chorleiter/in)		Er dient dem Priester im Gottesdienst. (Messdiener)	
Er/sie gestaltet Gottesdienste, arbeitet mit den Kommunionkindern, den Firmlingen. Berät Pfarrmitglieder bei vielen Fragen. (Pastoralreferent/in)		Seine Mitglieder unterstützen den Pfarrer bei der Verwaltung des Geldes. (Kirchenvorstand)	

KV 7 (1) Die katholische und die evangelische Kirche

evangelisch **katholisch**

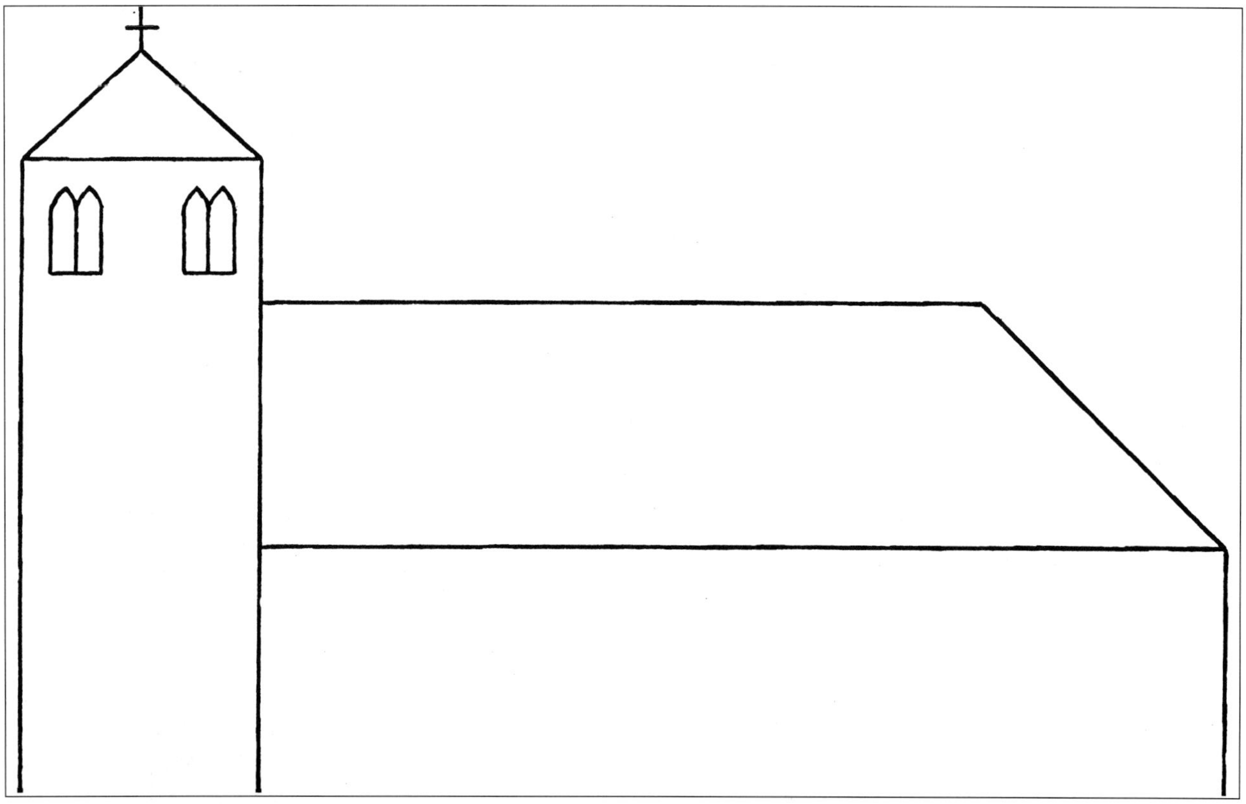

Das gibt es in der evangelischen und in der katholischen Kirche.

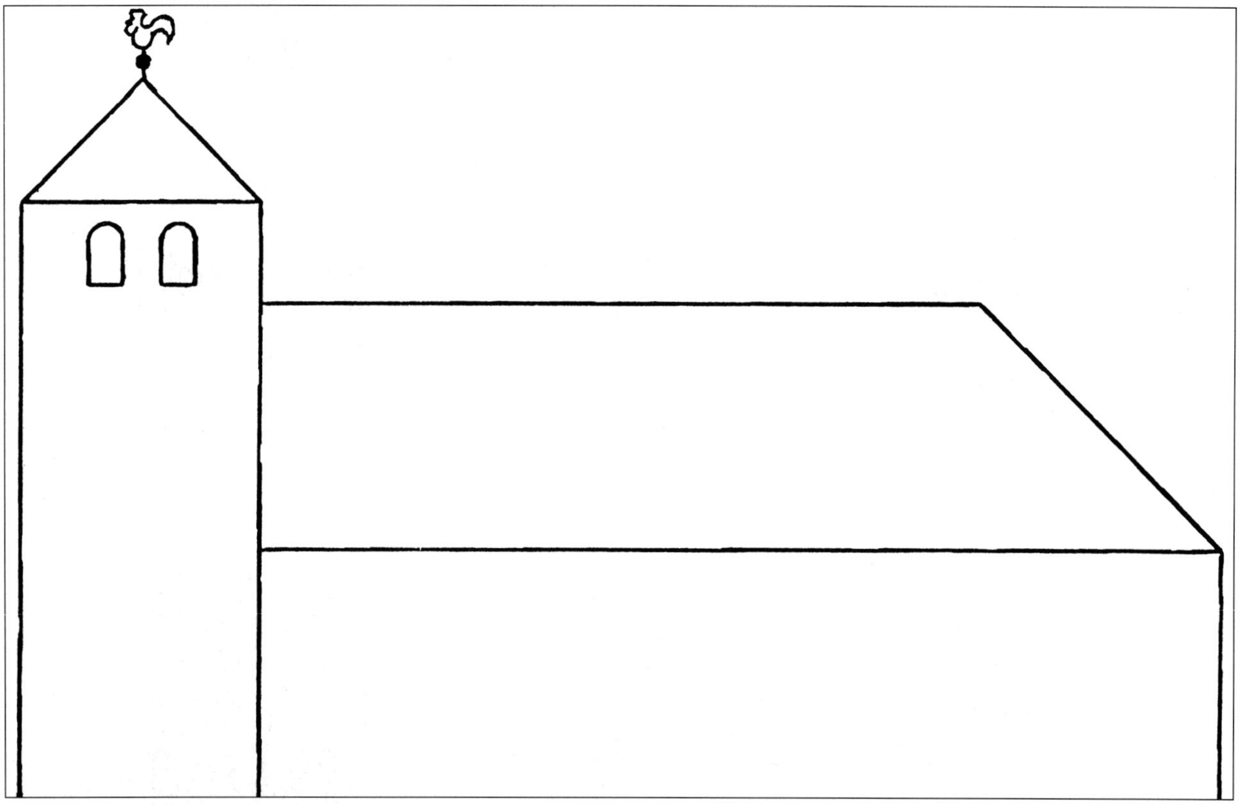

Das gibt es nur in der katholischen Kirche.

KV 7 (2) Die katholische und die evangelische Kirche

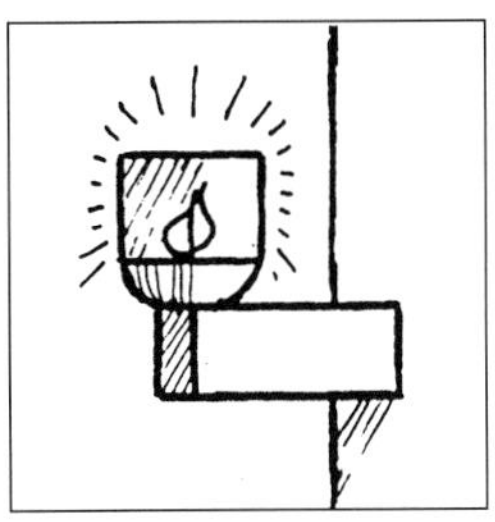

KV 8 (1) Zuordnungsspiel: Der Jahreskreis im Kirchenjahr

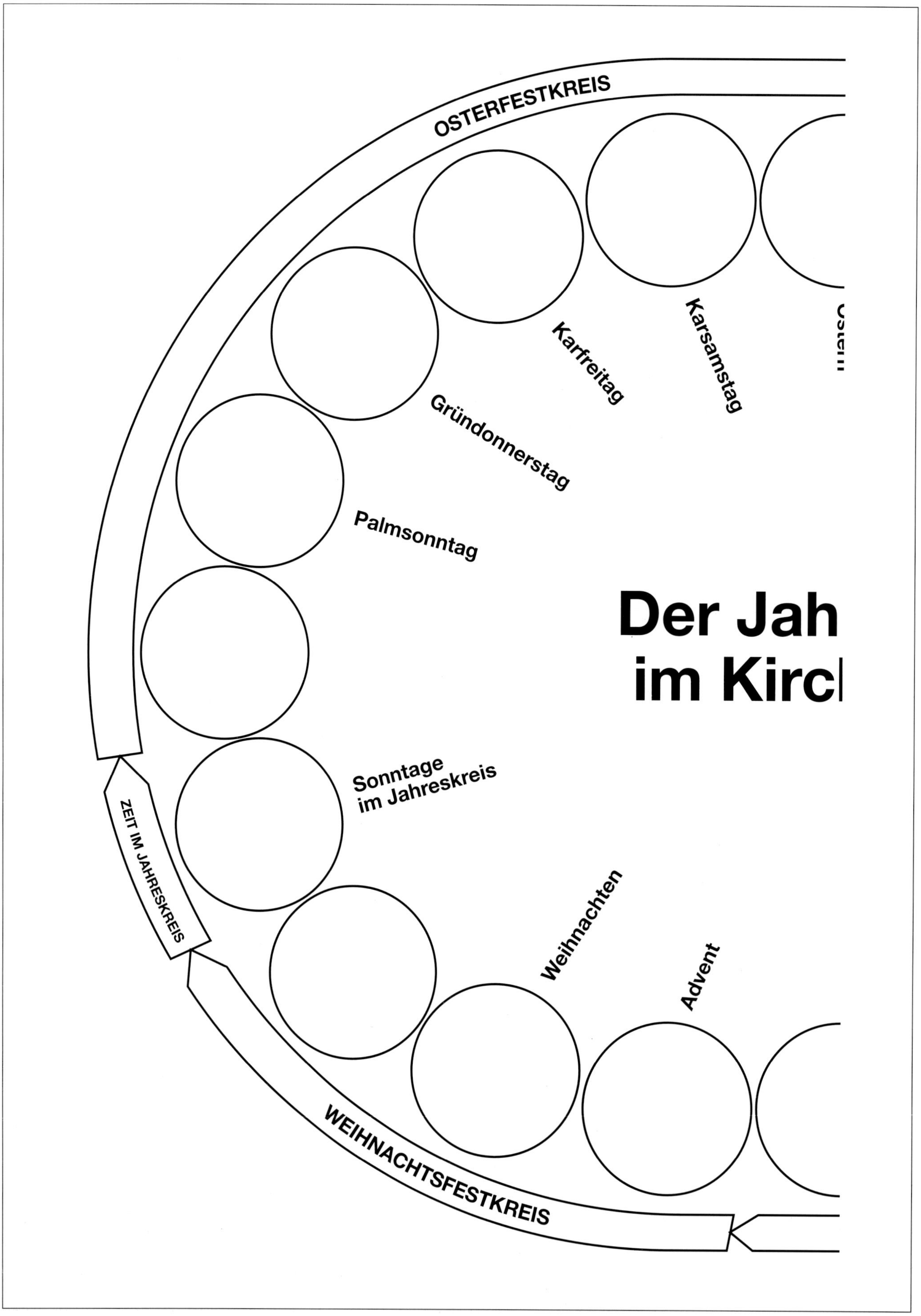

KV 8 (2) Zuordnungsspiel: Der Jahreskreis im Kirchenjahr

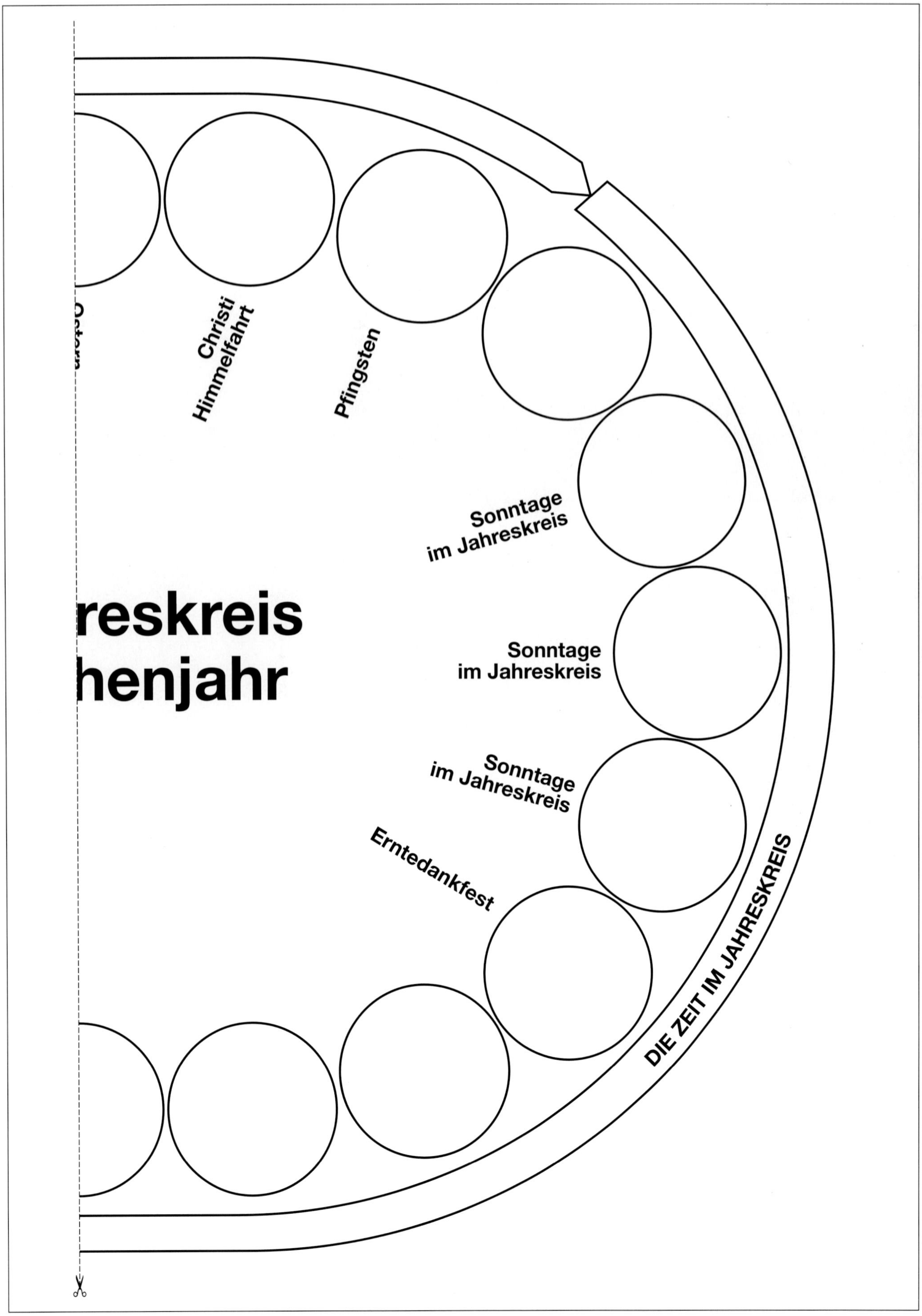

KV 8 (3) Zuordnungsspiel: Der Jahreskreis im Kirchenjahr

Ausschließlich katholische Feste:

Heilige Drei Könige
Aschermittwoch
Fronleichnam
Allerheiligen
Christkönigsfest
Sonntage im Jahreskreis

Ausschließlich evangelische Feste:

Erscheinungsfest
Reformationstag
Buß- und Bettag
Sonntage im Jahreskreis
Sonntage im Jahreskreis

KV 9 (1)

KV 9 (3)

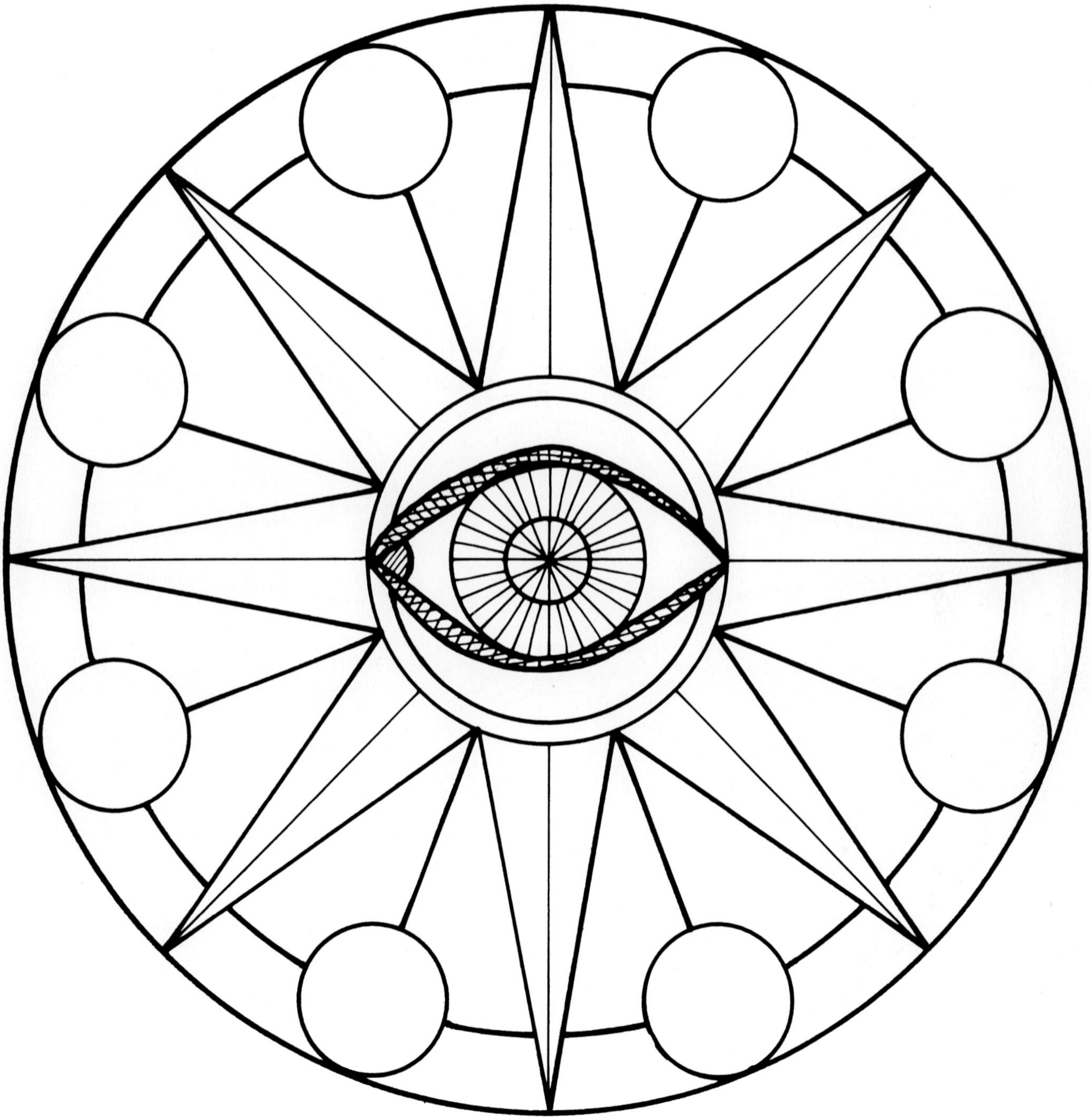

KV 10 Blanko-Domino

KV 11 Blanko-Memory

Blanko-Brett- und Würfelspiel

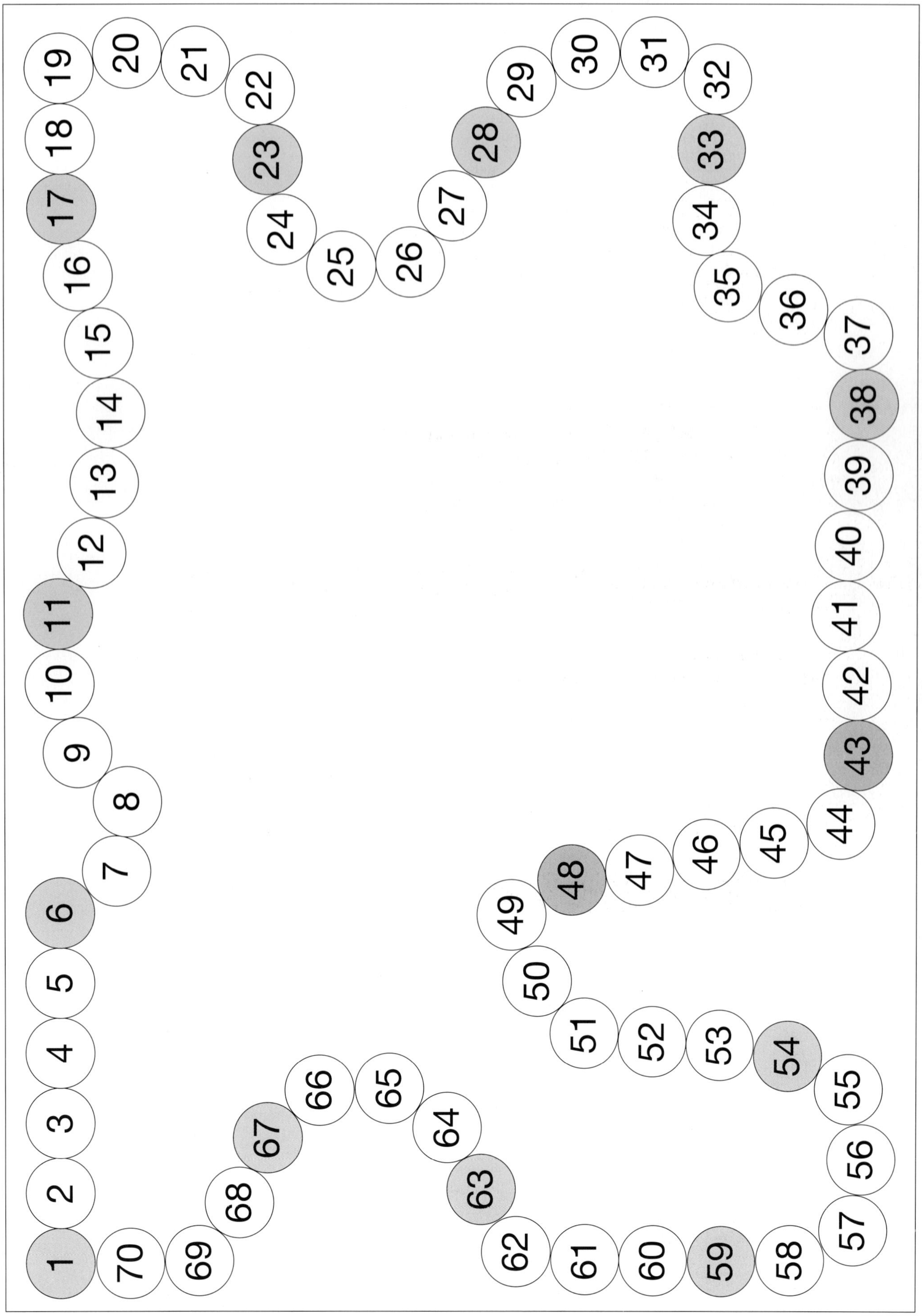

KV 13 (1) Lernscheibe, Hülle

KV 13 (2) Lernscheibe, Auftragsscheibe

Vorderseite

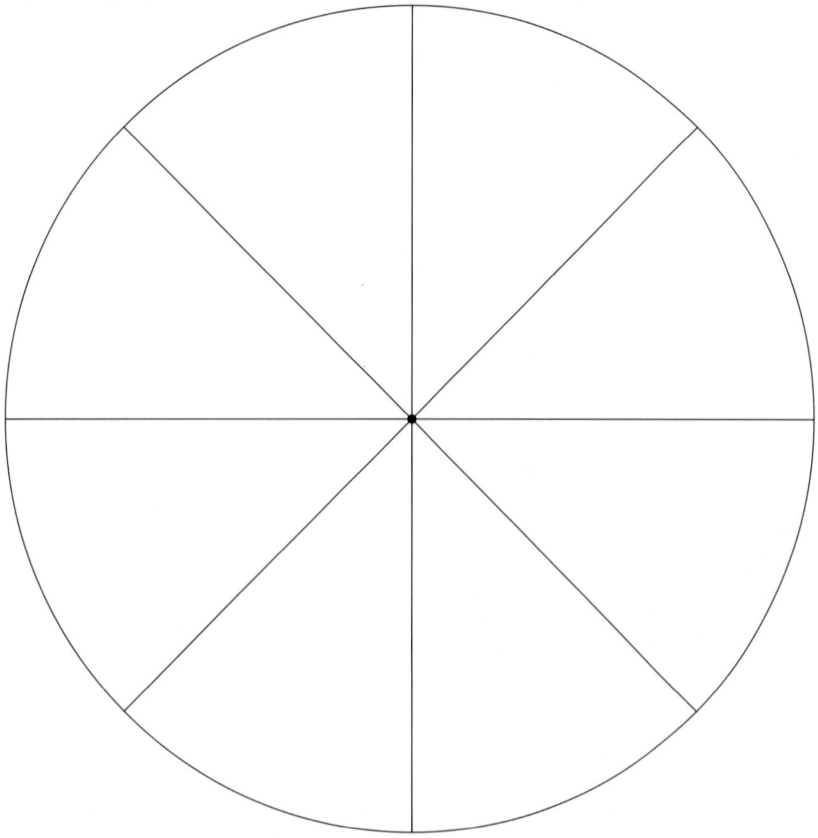

Rückseite

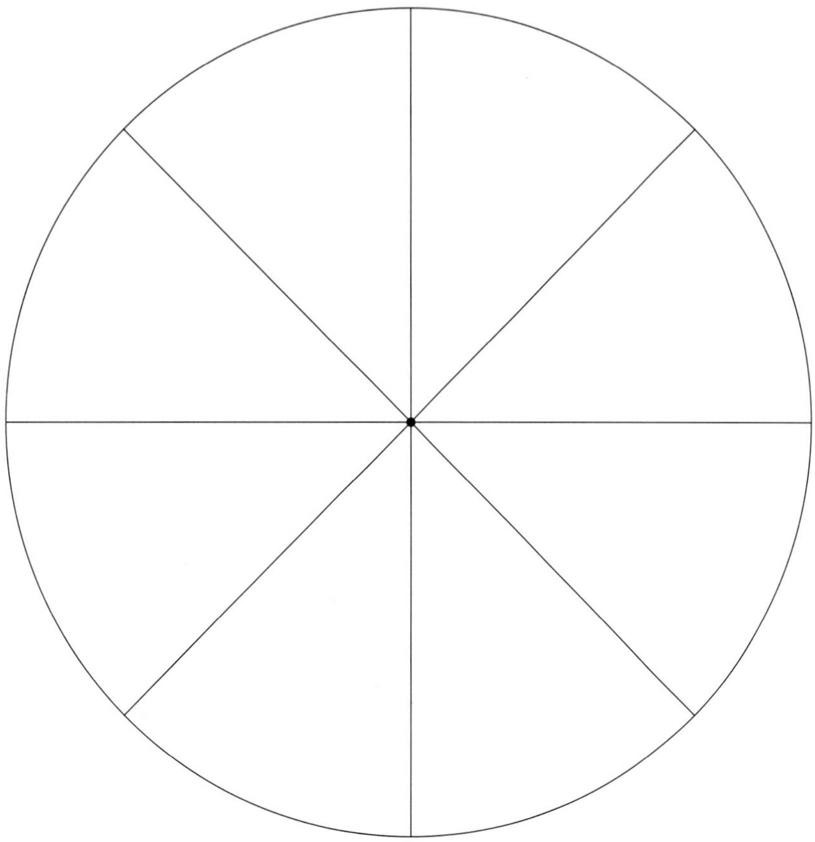

KV 14 Karten für Setzleiste

KV 15 Karten für Stöpselkasten

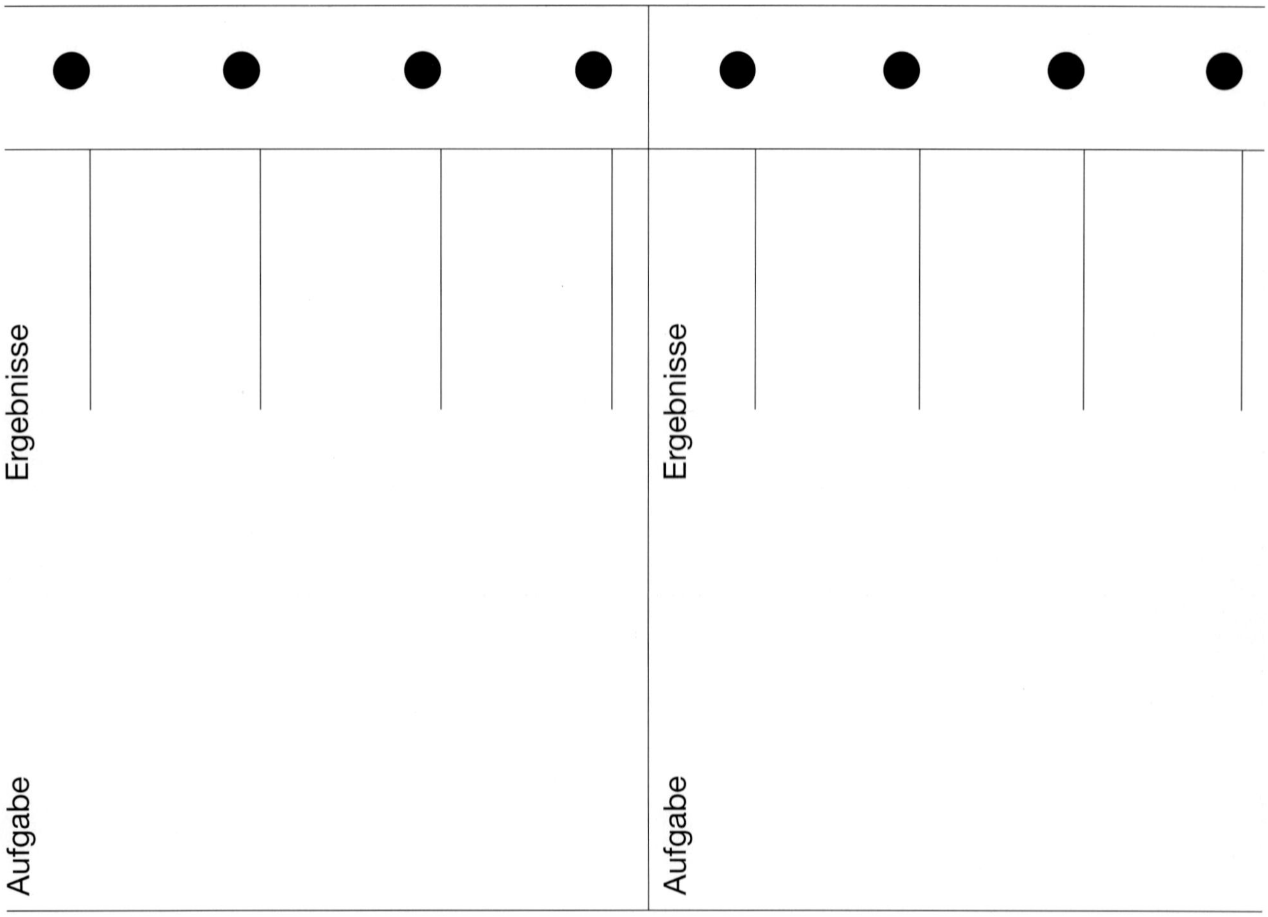

Blanko-Vorlage

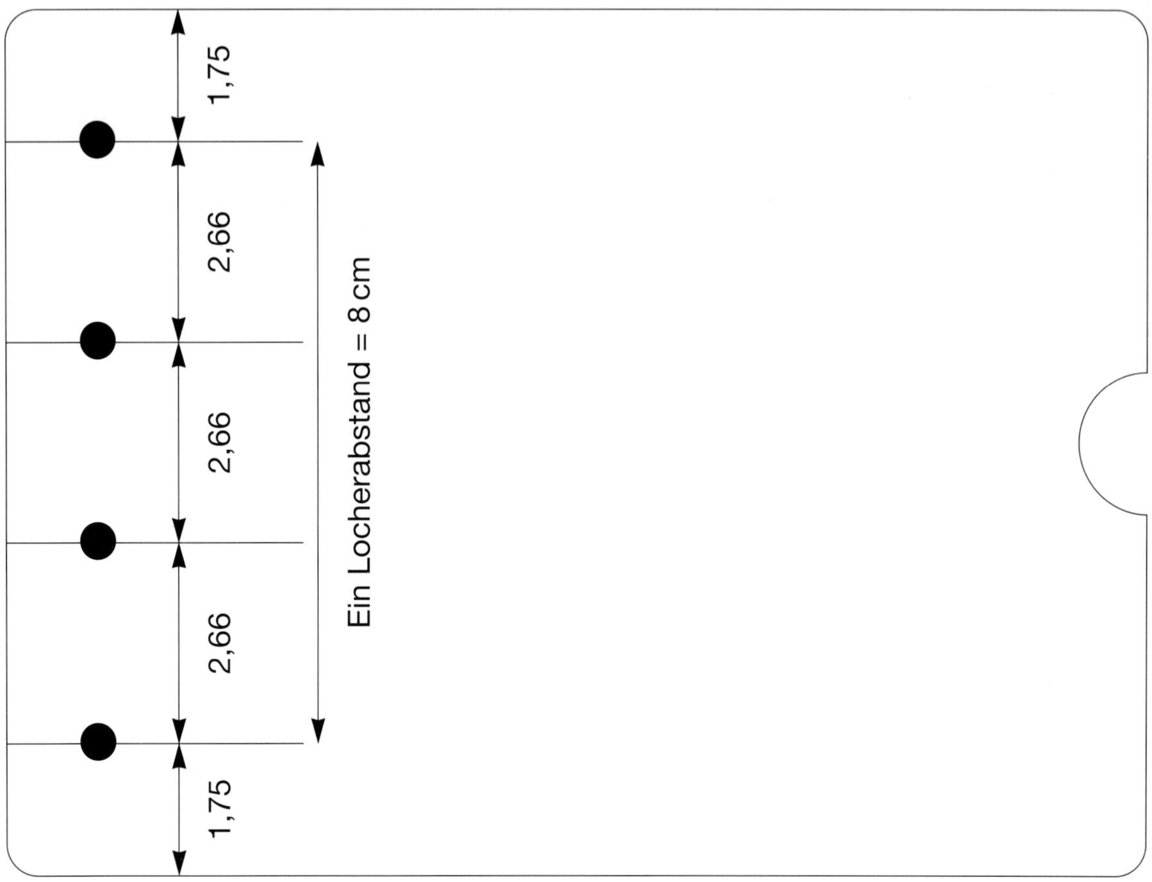

Schablone für das Lochen der Klarsichthüllen für den Stöpselkasten

KV 16 Karten für Super-Acht-Scheibe

KV 17 Leporello für Streichholzschachteln

5.
Bezugsquellen

Im Materialteil genannte Quellen:

Möckmühler Arbeitsbögen
Aue-Verlag
74215 Möckmühl

Born-Verlag
Postfach 42 02 20
34071 Kassel

Buchhandlung Elke Dieck
Richard-Wagner-Straße 1
52525 Heinsberg

Calwer-Verlag
Scharnhauser Straße 44
70599 Stuttgart

Christophorus Verlag GmbH
Hermann-Herder-Straße 4
79104 Freiburg

Comenius-Institut
Ev. Arbeitsstätte für Erziehungswissenschaft e.V.
Schreiberstraße 12
48149 Münster

Verlag der Liebenzeller Mission
Liobastraße 21
Postfach 12 65
75378 Bad Liebenzell

Patmos-Verlag
Am Wehrhahn 100
40211 Düsseldorf

Presseverband der Evangelischen Kirche im Rheinland
Postfach 10 41 53
40032 Düsseldorf

Reise- und Versandbuchhandlung des Rauhen Hauses
Postfach 12 60
22802 Norderstedt

Religionspädagogische Arbeitshilfen GmbH
Gaußstraße 8
84030 Landshut

Torsten Schmidt
Jahnstraße 34
25358 Horst/Holstein

Schubi Lehrmittel
Hochwaldstraße 18
Postfach 569
78224 Singen

Schulreferat des Kirchenkreises Moers
Seminarstraße 8
47441 Moers

Steyler-Verlag
Postfach 24 60
41311 Nettetal

Bezugsquellen für Materialien, die nicht in diesem Buch enthalten sind:

ALS Verlag GmbH (Bastelbedarf)
Postfach 14 40
63114 Dietzenbach

HPP-Lernmittel
Verlag + Vertrieb
Hans-Peter Pretschner
Hauptstraße 83
73340 Amstetten/Württ

(Material zum Herstellen von Freiarbeitsmaterial, vor allem lichtechter Fotokarton.)

6. Literaturübersicht

Literatur zur Freien Arbeit allgemein

Akademie für Lehrerfortbildung Dillingen: Materialgeleites Lernen, Dillingen/München 1993

Breuer, G.: Freie Arbeit im 1. und 2. Schuljahr, München 1989

Esser, B./Wilde, B.: Montessorischulen, Reinbek 1989

Fisgus, C./Kraft, G.: Hilf mir es selbst zu tun!, Donauwörth 1994

Fisgus, C./Kraft, G.: Und morgen wird es wieder schön!, Donauwörth [2]1997

Hehnke, M.: Mathematik zum Anfassen, Donauwörth 1993

Hell, P.: Öffnung des Unterrichts in der Grundschule, Donauwörth 1993

Kehr, M.: Lernen mit Kopf, Herz und Hand. Hilfen für die Freie Arbeit, Donauwörth 1996

Regens-Wagner-Werkstätten: Freiarbeit nach Maria Montessori in der Regelschule, Dillingen 1991

Reichen, J.: Sachunterricht und Sachbegegnung, Zürich 1991

Literatur zur Freien Arbeit im Religionsunterricht

Berg, H. K.: Von der Montessori-Pädagogik lernen. Freie Arbeit im Religionsunterricht. In: ru. Zeitschrift für die Praxis des Religionsunterrichts 1/94, S. 28–37

Berg, H. K.: Hilf mir, selbst zu glauben. Was religiöse Erziehung von der Montessori-Pädagogik lernen kann. In: Die Christenlehre, 1/95, S. 3–12 und 2/95, S. 62–66

Berg, H. K.: Montessori für Religionspädagogen. Glauben erfahren mit Hand, Kopf und Herz. STB 20, Verlag Katholisches Bibelwerk, Stuttgart 1994

Cavalletti, S.: Das religiöse Potential des Kindes. Religiöse Erziehung im Rahmen der Montessori-Pädagogik, Wien 1994

Fischer, D.: Offenes Lernen. In: Böcker, W./Heimbrock, H.-G./Kerkhoff E. (Hrsg.: Handbuch Religiöser Erziehung 1. Düsseldorf 1987, S. 255–266

Fischer, D.: Den Kindern das Wort geben. Freie Arbeit mit Religion. In: ru. Zeitschrift für die Praxis des Religionsunterrichts 2/91

Fischer, D.: Freiarbeit im Religionsunterricht. In: Beiträge zur Reform der Grundschule. Religion in der Grundschule, Arbeitskreis Grundschule Ffm., 1994, S. 292 ff.

Fischer, D. (Bearb.): Freie Arbeit und Religionsunterricht. Zeitschriften – Aufsätze – Bücher. In: Comenius-Institut (Hrsg.): Im Blickpunkt 14, Münster 1994

Heimbrock, H.-G.: Freinet-Pädagogik als Lern-Weg religiöser Erziehung? In: Der Evang. Erzieher, 37. Jg., H. 6/85, S. 617–630

Hilger, G.: Lebendiges Lernen im Religionsunterricht. Zur religionspädagogischen Rezeption des Arbeitsschulprinzips in den ersten Jahrzehnten des 20. Jahrhunderts. In: Katechet. Blätter, Heft 1/86, S. 28–37

Menke, B.: Freiarbeit. Eine Chance für den Religionsunterricht. In: ru. Zeitschrift für die Praxis des Religionsunterricht 2/91

Montessori, M.: Wie Kinder zu Konzentration und Stille finden. Freiburg, 1997

Oberthür, R.: Zu Sprachbildern der Bibel sich selbst entdecken. Umgang mit einer „Psalm-Wort-Kartei" im Religionsunterricht und Phasen Freier Aktivitäten. Ergebnisse zweier Beobachtungsstudien. In: Die Deutsche Schule, 84. Jg., H. 3/92, S. 314–327

ru. Ökumenische Zeitschrift für den Religionsunterricht. Themenheft Juli-September: Freiheit lernen. Freiarbeit im Religionsunterricht, 25. Jg., 3/95

ru. Ökumenische Zeitschrift für den Religionsunterricht. 28. Jg., Heft 1/1998

Schweitzer, F.: Praktisches Lernen auch im Religionsunterricht? In: ru. Zeitschrift für die Praxis des Religionsunterrichts, 2/91

Zimmermann, U.: Mit Somaon und Jonathan im Haus der Knechtschaft. Erfahrungen mit freier Arbeit im Religionsunterricht. In: ru. Zeitschrift für die Praxis des Religionsunterrichts, 2/94, S. 73–75

Materialien und Literatur zur Gestaltung von Freiarbeitsmaterialien im Religionsunterricht

Hier sollten Sie die auf dem Markt erhältlichen Kopiervorlagen prüfen. Einige lassen sich gut in Freiarbeitsmaterialien umgestalten (wie z. B. die Arbeitshilfen zu den Religionsbüchern „Ich bin da" Band 1 bis 4).

Bätz, K./Mack, R.: Sachbilder zur Bibel. Vorlagen zum Zeichnen, Lahr 1995

Eckert/Steinwede/Loose: Bildwerk zur Kirchengeschichte

Jäschke, U.: Medienbausteine Religion, Teil 1 und Teil 2, Urs-Görlitzer-Verlag. Medienwerkstatt, Karlsruhe 1990

Krombusch, G./Meyer-Berhorn, K.: Arbeitsmittel Religion – Vater unser. Didaktisch strukturiertes Arbeitsmaterial für die Grundschule. Steyler Verlag – Wort und Bild, Nettetal 1990

Pädagogisch-Theologisches Institut/FB Schulischer Unterricht: Beim Spielen lernen. Materialien und Entwürfe für den Religionsunterricht in der Primarstufe/Sek. I, Bonn 1994 (zu beziehen beim Presseverband der Evangelischen Kirche im Rheinland)

Preiss, Hans-Rainer: Die Umwelt Jesu. Aktives Arbeitsmaterial für Kinder von 6 bis 12 Jahren. Verlag Die Schulpraxis. Mülheim 1988

Literaturverzeichnis

Berg, H. K./Weber, U.: Benjamin & Julius. Geschichten einer Freundschaft zur Zeit Jesu. Stuttgart 1996

Bruns, B.: Methodisch-didaktische Hinweise zur Religionskartei für Freie Arbeit und Differenzierung, Teil 1: Altes Testament. Heinsberg 1990

Cavalletti, S.: Das religiöse Potential des Kindes. Religiöse Erziehung im Rahmen der Montessori-Pädagogik. Wien 1994

Deutsche Bibelgesellschaft: Josef. In der Reihe: Was uns die Bibel erzählt. Stuttgart 1988

Fischer, Friedrich (Hrsg.): Arbeitshilfen mit Kopiervorlagen zu Religionsbuch 2 „Ich bin da", Neuausgabe. Donauwörth 1992, 3. Auflage

Halbfas, Hubertus: Religionsunterricht in der Grundschule, Lehrerhandbuch 1. Düsseldorf 1988

Hessisches Kultusministerium: Rahmenplan Grundschule. Wiesbaden 1995

Israel, M./Zwergl, H. A. : Offene Lernsituationen im Religionsunterricht. In: Grundschule 6/89, S. 53 ff.

Kehr, Monika: Lernen mit Kopf, Herz und Hand. Donauwörth 1996

Kultusminister NRW: Richtlinien, Evangelische Religionslehre. Düsseldorf 1988

Liebau, E.: Der fremde Raum. In: Degen, R./Hansen, I. (Hrsg.): Lernort Kirchenraum. Erfahrungen – Einsichten – Anregungen. Münster 1988

Machwitz, G. und R.: Aus der Mitte malen. Heilsame Mandalas. München 1996

Montessori, Maria: Macht der Schwachen. Herausgegeben und eingeleitet von P. Oswald und G. Schulz, Benesch. Freiburg 1989

Pioch, Wilfried: Die neue Kinderbibel. Mit Kindern von Gott reden. Norderstedt 1989

Sievers, E.: Neue Gestaltungsformen im Religionsunterricht, Gesang – Pantomime – Erzählungen. In: Grundschule 12/88, S. 36

Weber, U.: Kannst Du Dir vorstellen, wie Jesus gelebt hat? Freie Arbeit mit Informationsmaterial ab 1./2. Schuljahr. In: Zeitschrift für die Praxis des Religionsunterrichts 2/91

Religionsunterricht lebendig und schülernah gestalten

Evenari, Christel
Jesus-Geschichten
Unterrichtsmaterialien mit Kopiervorlagen
144 S., DIN A 4, kart. Best.-Nr. **2948**
Themen der Geschichten:
- Lebensstationen Jesu
- Leiden, Tod und Auferstehung
- Aussendung des Heiligen Geistes

Unterrichtsvorschläge mit didaktischen Hinweisen, Ausmalbildern, Sprechmotetten und Fantasiereisen.

Werner, Maria
Begegnung mit Jesus
Erzählungen des Neuen Testaments im Religionsunterricht der 1. und 2. Jahrgangsstufe
48 S., DIN A 4 Best.-Nr. **2344**
Der Band bietet die gestalterische Umsetzung des Lebens Jesu in Form von Spiel, Musik, Tanz, Gesang und Farben.

Djurovič, Bettina / Busch, Cornelius
Bildgeschichten zur Bibel
160 S., DIN A 4 Best.-Nr. **1990**
Bildgeschichten zum Neuen und Alten Testament und aus dem alltäglichen Leben mit den Themen Angst, Einsamkeit, Aggression, Trauer, Freude, Geborgenheit, Versöhnung, Freundschaft etc. zeigen die thematische Aktualität der Aussagen der biblischen Geschichten in der Gegenwart.

Frede, Zita / Landwehr, Hedwig
Der Jahreskreis im Kirchenjahr
Kopiervorlagen für den Religionsunterricht in der Grundschule
120 S., DIN A 4 Best-Nr. **2342**
Kirchliche Feste und Feiern erfüllen wichtige, sinnstiftende Funktionen im Kirchenjahr. Wie man sie sechs- bis zehnjährigen Kindern adäquat nahe bringt, ist Gegenstand dieses mit originellen, kopierfähigen Arbeitsblättern versehenen Buches.

Werner, Maria
Stundenbilder für den Religionsunterricht
Die Feste des Kirchenjahres in der 1. und 2. Jahrgangsstufe.
Mit Kopiervorlagen und Folien
72 S., DIN A4 Best.-Nr. **2255**
Dieser Band enthält vielfältige Materialien zu den wichtigsten Festen des Kirchenjahres. Glaubensinhalte werden konkret, anschaulich und erlebnisbetont vermittelt.

Auer BESTELL-COUPON Auer

Ja, bitte senden Sie mir/uns

____ Expl. Christel Evenari
Jesus-Geschichten Best.-Nr. **2948**

____ Expl. Maria Werner
Begegnung mit Jesus Best.-Nr. **2344**

____ Expl. Bettina Djurovič/Cornelius Busch
Bildgeschichten zur Bibel Best.-Nr. **1990**

____ Expl. Zita Frede/Hedwig Landwehr
Der Jahreskreis im Kirchenjahr Best.-Nr. **2342**

____ Expl. Maria Werner
Stundenbilder für den Religionsunterricht Best.-Nr. **2255**

mit Rechnung zu.

Rund um die Uhr bequem bestellen!
Telefon: 01 80/5 34 36 17
Fax: 09 06/7 31 78

Bitte kopieren und einsenden an:

Auer Versandbuchhandlung
Postfach 11 52
86601 Donauwörth

Meine Anschrift lautet:

____
Name/Vorname

____
Straße

____
PLZ/Ort

____
Datum/Unterschrift

Praxiserprobt und topaktuell: Materialien von Auer!

Religiöse Erziehung mit Büchern von Auer!

Die schönsten Geschichten aus der Bibel – für Kinder erzählt

Eine wunderschön und einfühlsam illustrierte Kinderbibel!

Offringa, Baukje / Tov, Lika
Auf dem Weg
Bibel für Kinder
322 S., geb., durchgehend farbig illustriert Best.-Nr. **2746**

Kinder lesen und hören gerne biblische Geschichten. Die Kinderbibel „Auf dem Weg" enthält biblische Geschichten für Kinder ab 5 Jahren zum Lesen und Vorlesen! Der Band beinhaltet einen großen Anteil an Geschichten aus dem Alten und Neuen Testament und vermittelt biblisches Wissen an Kinder im Kindergarten, in der Grundschule, im Kindergottesdienst und zu Hause. Die Autorin versteht es hervorragend, lebendig und kreativ zu erzählen und den Kindern den Kern der Erzählungen deutlich zu machen.

Grund, Josef Carl / Bolliger-Savelli, Antonella
Wir Gott der Herr die Welt erschuf
28 S., farbig illustriert, geb. Best.-Nr. **2262**
Die Schöpfungsgeschichte vom ersten Tag, an dem Tag und Nacht, Licht und Finsternis geschaffen werden, bis zum siebten Tag, dem Tag des Herrn.

Grund, Josef Carl / Schuster, Helga
Noah und die Arche des Herrn
28 S., farbig illustriert, geb. Best.-Nr. **2263**
Die biblische Erzählung von Noah, der in der Arche Menschen und Tiere vor der großen Flut rettete. Mit ansprechenden Bildern und leicht verständlichen Texten.

Abeln, Reinhard / Maier-F., Emil
Maria, geliebt von Gott
Aus dem Leben der Mutter Gottes für Kinder erzählt und gemalt
48 S., mit 20 ganzseitigen vierfarb. Abb., geb. Best.-Nr. **1958**

Abeln, Reinhard / Maier-F., Emil
Gott wendet sich dir zu
Die schönsten Geschichten aus der Bibel für Kinder erzählt und gemalt
64 S., mit 20 ganzseitigen vierfarb. Abb., geb. Best.-Nr. **1806**

Abeln, Reinhard / Maier-F., Emil
Das hat er für uns getan
Aus dem Leben Jesu – für Kinder erzählt
64 S., mit 30 ganzseitigen vierfarb. Abb., geb. Best.-Nr. **1653**

Auer BESTELL-COUPON Auer

Ja, bitte senden Sie mir/uns

___ Expl. Baukje Offringa / Lika Tov:
Auf dem Weg Best.-Nr. **2746**

___ Expl. Josef Carl Grund / Antonella Bolliger-Savelli:
Wie Gott der Herr die Welt erschuf Best.-Nr. **2262**

___ Expl. Josef Carl Grund / Helga Schuster:
Noah und die Arche des Herrn Best.-Nr. **2263**

___ Expl. Reinhard Abeln / Emil Maier-F.:
Maria, geliebt von Gott Best.-Nr. **1958**

___ Expl. Reinhard Abeln / Emil Maier-F.:
Gott wendet sich dir zu Best.-Nr. **1806**

___ Expl. Reinhard Abeln / Emil Maier-F.:
Das hat er für uns getan Best.-Nr. **1653**

mit Rechnung zu.

Rund um die Uhr bequem bestellen!
Telefon: 01 80/5 34 36 17
Fax: 09 06/7 31 78

Bitte kopieren und einsenden an:

Auer Versandbuchhandlung
Postfach 11 52
86601 Donauwörth

Meine Anschrift lautet:

___
Name/Vorname

___
Straße

___
PLZ/Ort

___
Datum/Unterschrift